독립을 꿈꾸는 당신을 위한 인생

NAME

내 이름으로 먹고 삽니다

장은진 지음

회사도, 학교도, 전공도 다 빼고
나만의 이름으로
독보적인 가치를 가지는 방법

NAME

나의 이름과
나의 이야기로
나만의 길을
개척해가고 있는 당신께
이 책이 조금이라도
도움이 되길 바라요 :)

— 장은진 올림

:프롤로그
내가 원하는 삶을
치열하게 고민할 것

지방대, 그럴싸한 스펙도 없는, 중소기업 마케터 출신의 이야기.

학창 시절, 나는 공부만 잘하는 학생이었다. 나의 목표는 오로지 높은 점수였다. 애석하게도 1등은 많이 하지 못했고, 그래도 반에서 늘 2~3등 정도는 했던 것 같다. 내가 공부를 열심히 했던 건 나의 성취욕도 컸지만, 부모님의 큰 기대도 한몫했다. 나보다 시험 점수에 더 민감했던 아빠는 90점 아래로 점수를 받은 날이면 늘 거실에서 한숨을 쉬셨다. 하지만 아이러니하게도 부모님은 내게 좋은 대학을 원하지 않았다. 돈이 많이 드는 서울에 가는 것보다 국립대학교 혹은 교대를 진학해 교사 혹은 공무원이 되길 바랐기 때문이다. 그렇게 나는 부모님이 원하던 결과를 얻었다. 나름 만족스러운 점수를 받았고 국립대학교에 진학했다. 당시 나와 점수가 비슷하거나 낮았던 친구들은 나보다 좋은 학교를 진학했다. 그럼에도 불구하고 그때의 나에겐 저렴한 등록금을 내는 학교에 진학했다는 것이 하나의 자부심이었다. 대학을 간 후에도 달라진 것은 없었다. 아르바이트를 하며 용돈을 벌었고, 어떻게 살아야 할지를 막막해했다. 아무도 답을 주지 않는 상황에서 나는 그냥 공무원이 답일 거라 여겼다.

학생 때로 다시 돌아가고 싶다는 마음은 전혀 없지만, 최근 들어서 후회되는 부분이 생겼다. "아 조금만 대학 입시에 관심을 가졌다면 좋았을 텐데, 우리 부모님은 왜 그런 것에 관심이 없었을까. 아니 왜 아무도 나에게 그런 것의 중요성을 얘기해주지 않았을까"와 같은 것이 아니다. 나는 왜 나의 미래에 대해 고민하는 것을 그토록 싫어했을까 라는 후회다.

앞에서는 부모님 탓을 하려 했지만 사실 돌아보면 다 나의 결정이었다. 공부 잘하는 학생이긴 했지만, 선생님들과는 친하게 지내지도 않았다. 오히려 벽을 쌓고 지냈고 선생님의 이름도 잘 기억나지 않는다. 상담을 극도로 싫어했다. 그 시간에 공부를 하면 되는데 왜 상담으로 시간을 허비하는지, 이해가 되지 않았다. 자기소개서가 쓰기 싫어서 자기소개서를 쓰지 않는 전형만 찾아 넣었다. 처음부터 '자기소개서를 안 쓸 것이다.'라는 선을 그은 건 나였다. 그때의 나는 답이 없는 무언가를 생각하는 게 참 싫었다.

'모든 결정을 내가, 스스로 해야 합니다. 하지만 대다수 사람은 혼자 결정하는 것이 익숙지 않을뿐더러 행동에 대한 책임도 회피하고 싶은 마음에 남의 말'만 듣고 결정하곤 합

니다. 문제는 내가 결정해야 할 일을 남이 정해줄 때 위험도 따라온다는 것입니다.'

– 책 <사업가를 만드는 작은 책>

그렇다. 그때의 나는 내 삶을 책임지기 싫었던 거다. 나는 내가 하고 싶은 게 뭔지 찾는 게 고통스러웠고, 이 고민이 싫으니 1등과 좋은 성적이라는 것을 앞에 내세우고 고민할 시간과 에너지를 쓰지 않았다. 그렇게 목적지 없는 길만 걸었다. 사람마다 삶의 목적지도 다르고, 가야 할 길도 다 다르기에 누가 내 삶의 답을 대신 내려줄 수는 없다. 적극적으로 나의 길을 찾아 나서는 모험가만이 나에게 맞는 목적지를 향해 한 발짝씩 나갈 수 있다.

나는 운이 좋게도, 대학 졸업 전 현장실습으로 들어간 회사에서 바로 취업을 했다. 그렇게 물 흐르듯 살았다. 그리고 언제까지나 미뤄왔던 삶에 대한 고민을 일을 시작하고 나서야 진지하게 시작했다. 주변 친구들의 삶과 내 삶을 수없이 비교하고 내가 작아지는 순간들을 느끼고 나의 앞날을 답답해하면서 비로소 내가 가야 할 목적지가 어딘지 어렴풋하게 보였다. 물론 지금의 나도 매번 어떤 방향으로 가야 할지 고민하고 있지만, 목적지가 어렴풋하게나마 보여서 그런지 이제는 마냥 힘든 일이기만 하진 않다.

나는 공유자전거를 자주 탄다. 자전거를 타다 보면 가는 길 중간에 서비스 가능지역이 아닌 경우도 종종 있다. 그렇게 서비스 불가 지역을 지나가면 자전거 내에서 "서비스 가능 지역을 벗어났습니다"라고 경고음과 함께 큰 소리로 알려준다. 하지만 그 알림을 듣는다고 해서 불안하지 않다. 왜? 결국 내가 도착하는 곳은 결국 서비스 가능지역이라는 걸 아니까. 삶도 마찬가지 아닐까? 내가 가고자 하는 방향을 어렴풋하게나마 정해둔다면, 불안과 초조함이 덜할 것이다. 아무리 언론에서 불경기라고 해도, 주변 사람들이 내 결정을 말려도 불안하지 않다. 왜냐면 나에게는 명확한 목표가 있고, 저기 멀리 보이는 산처럼 희미하게나마 목표가 눈에 보이니까. 나의 삶이 불안하고 초조하게만 느껴진다면, 그때가 더 나의 목적지를 정해야 할 때이다. 꼭 정확한 목적지를 정하지 않아도 괜찮다. 대략적으로라도, 내가 원하는 삶을 상상하고 그 삶으로 다가가기 위한 길을 고민한다면 그 과정만으로도 나의 불안함은 조금이나마 사라질 것이다.

치열하게 내 삶을 고민하는 일이 쉽지는 않지만 내 삶을 나에게 딱 맞는 맞춤옷처럼 만들기 위해서는 필요한 시간이다. 부족한 나의 스펙들을 극복하고 싶은 마음을 연료 삼아, 치열하게 고민하며 꽉꽉 눌러 채웠던 직장인 이후의 삶이 있었기에 지금의 내가 있다. 아직 SUCCESS의 S에도 못 미치는 나지만, 그렇게 좋은 조건이 아님에도 불구하고 일잘러로 인정받고, 수많은 기회가 생겼던 과정을 글로 풀어보고 싶었다.

책을 쓰며 우려되는 부분은, 이 글을 정답이라 여길까 하는 점이다. 경험이라는 이름으로 누군가가 애써 잡고 있는 동아줄을 끊어버리진 않을까 두렵다. 조언이란 것도, 피드백이란 것도, 인사이트라는 것도, 이런 책이라는 것도 결국 사람마다 필요한 시기와 방향은 다 다를 수밖에 없다. 그러니 나의 의견을 그냥 받아들이지 말고 자신만의 필터로 정제하여 받았으면 좋겠다.

새로운 시작을 앞둔 당신을 진심으로 응원하며.

CONTENTS

CONTENTS

CONTENTS

CONTENTS

CONTENTS

PART. 7
퇴사 이후 나는 제대로 된 독립을 했다

PART.1

나를 가치 있게 만드는
퍼스널 브랜딩은
어떻게 시작할 수 있을까?

:1
퍼스널 브랜딩이 뭔데?

"퍼스널 브랜딩, 저도 하고 싶어요!"

"대체 어떻게 퍼스널 브랜딩 하신 거예요?"

"은진 님은 퍼스널 브랜딩을 참 잘하시는 것 같아요."

부끄럽지만 이런 말을 종종 듣는다. 사실 나는 유명해지고 싶었다. 2019년 나의 메모장 한쪽에는 '한국에서 가장 유명한 마케터가 되겠다.'라는 야망(?)도 적혀있다. 유명해지기 위해 퍼스널 브랜딩이 필요하지 않을까? 막연히 생각했었고, 당연히 퍼스널 브랜딩을 해야 한다는 의무감도 가지고 있었다.

근데... 퍼스널 브랜딩이 뭘까? 유명해지는 걸까? 인플루언서가 되는 걸까? 가볍게 쓰이는 이 단어를 깊이 생각해 보기 전까지는 나조차도 퍼스널 브랜딩에 대해 명확하게 정의하고 있지 않았다. 퍼스널 브랜딩에 대한 많은 질문을 받고, 강의를 하고, 책도 쓰게 되면서 그제야 부랴부랴 퍼스널 브랜딩이라는 단어에 대한 의문을 품게 됐다. 그렇게 내가 내린 퍼스널 브랜딩에 대한 정의는 이렇다.

"퍼스널 브랜딩 = 나를 특정 키워드로 기억시키는 것"

국민 MC라는 키워드가 떠오르는 유재석, 국민 여동생 하면 떠오르는 아이유, 국민 첫사랑 하면 떠오르는 수지처럼 연예인이나 유명한 인플루언서들은 퍼스널 브랜딩이 잘 된 대표 사례들이다. 하지만 앞의 정의에 따르면 꼭 유명한 연예인이나 인플루언서만이 퍼스널 브랜딩을 한 사람들이 아니다. 가까이에 있는 직장 동료에서부터 친구, 가족까지 영향력의 차이는 있겠지만, 세상의 모든 사람은 누군가의 머릿속에 '어떤 키워드'로 기억되고 있다.

다시 말하면 한 키워드의 농도가 짙은 사람들이 우리가 생각하는 '퍼스널 브랜딩을 잘하는 사람'이라 할 수 있고, 그렇게 퍼스널 브랜딩이 잘 됐을 때 '유명해지는' 결과는 덤으로 찾아온다.

가끔 '매력 없는 사람의 특징'이라는 섬네일에 혹해 유튜브 영상을 볼 때가 있다. 남녀노소 누구에게나 '매력'은 인기 많은 주제인 만큼, 이런 부류의 영상은 어디서나 많이 볼 수 있다. 이 콘텐츠의 결론은 언제나 같다. 매력 없는 사람은 '아무거나'라고 말하는 취향 없는 사람이라는 것.

퍼스널 브랜딩은 우리를 특정한 키워드로 다른 사람에게 기억시키는 것이므로, 퍼스널 브랜딩을 원한다면 내가 다른 사람에게 보이기 원하는 키워드를 먼저 정해야 하고, 그 키워드에 맞춘 특징이나 취향을 가져야 한다.

"저 사람은 일 잘하는 마케터야."
"저 사람은 감각 있어. 옷을 잘 입어."

같은 특징도 있겠지만,

"저 사람은 회를 안 먹는 사람이야."
"저 사람은 다이어터야."

와 같은 사소한 부분도 하나의 특징이 될 수 있다.

나의 돋보이는 취향이나 특징을 상대의 기억에 남기는 일, 그게 바로 내가 생각하는 퍼스널 브랜딩이다.

이렇게 따지고 보면 퍼스널 브랜딩이라는 용어 자체의 역사는 길지 않지만, 단어만 쓰지 않았을 뿐이지 사실은 아주 옛날부터 존재하고 있었다. 근데 왜 인제 와서 우리는 이걸 퍼스널 브랜딩이라 명명하며 '퍼스널 브랜딩을 하고 싶다'고 말하는 것일까?

그건 시대가 변했기 때문이다. 불과 몇백 년, 아니 몇십 년 전만 해도 한 사람이 태어나서 만나고 알게 되는 사람의 수는 매우 한정적이었다. 그러나 지금은 너무나도 쉽고 간편하게 지구 반대편에 있는 사람의 소식을 접할 수 있다. 유명해지기 위해서는 소속사의 눈에 띄어서 스카우트 되거나, 오디션에 합격하는 등 선택을 받아야만 했던 과거와는 다르게 지금은 누구나 유튜브나 인스타그램 등을 통해 자신의 이야기를 만들고 전하며 유명해질 수도 있다. 말 그대로 모두가 콘텐츠를 만들 수 있고, 콘텐츠만으로 돈을 벌 수 있는 시대가 온 것이다. 우리가 노력만 하면 유명해질 수 있다는 그 사실이 퍼스널 브랜딩에 대한 관심을 키웠다.

이에 더해 코로나 시대가 이 속도를 더 빠르게 만들었다. 코로나를 언급하는 게 이제는 지겹게 느껴져 얘기하고 싶지 않지만, 세계의 한 전환점이 되었다는 것은 부정할 수 없는 사실이다. 코로나바이러스로 인해 강제적으로 비대면 시대를 맞이하기 전만 해도 우리 삶에서는 온라인에 비해 오프라인에 대한 중요성이 훨씬 컸다. 하지만 비대면 시대로 인해 강제로 살아본 온라인 시대가 생각보다 훨씬 더 편리했고, 그렇게 자연스럽게 온라인의 비중이 압도적으로 높아졌다.

오프라인으로 한 사람을 마주한다는 것은 단순한 이목구비, 생김새로만 한 사람을 바라보지 않는다는 것을 뜻한다. 한 사람을 마주하는 그 짧은 순간 동안 그 사람의 향, 스타일, 제스처, 표정 등 다양한 요소들을 통해 복합적으로 첫인상을 만들어 낸다. 하지만 온라인으로 누군가를 인식한다는 것은 2D 화면으로 한 사람을 바라본다는 것이다. 2D 화면 속 사람에겐 아무런 향도, 아우라도 없다. 그 사람이 올리는 콘텐츠만으로 그 사람을 바라본다. 그가 어떤 필터를 쓰고, 어떤 보정을 하건 우리는 한 콘텐츠로 한 사람을 인식하게 됐다.

사람들은 '스타일 좋은 사람', '매력적인 사람', '감각 있는 사람' 등으로 보이고 싶어 자신의 돈과 시간을 투자한다. 이와 마찬가지로 2D 화면 속 콘텐츠로, 온라인에서 퍼스널 브랜딩을 하기 위해서도 구준한 노력이 필요하다.

퍼스널 브랜딩은 한 사람을 하나의 키워드로 기억시키는 것, 온라인에서 퍼스널 브랜딩을 한다는 것은 온라인의 콘텐츠를 통해 이 키워드를 인지시키는 것. 그렇기에 퍼스널 브랜딩을 향한 노력의 첫 단계는 내가 다른 사람들에게 어떤 키워드로 기억되고 싶은지를 정하는 것이고, 이를 정했다면 이것을 어떻게 표현할지 고민하여 콘텐츠를 만들면 된다. 좀 더 많은 사람이 나를 알아줬으면 좋겠고, 좀 더 유명해지고 싶다는 생각을 하고 있다면 이제 온라인으로 퍼스널 브랜딩하는 건 필수다.

그렇다면 당신은 어떤 사람으로 보이고 싶은가?

SUMMARY

퍼스널 브랜딩은 '나를 특정 키워드로 기억시키는 것'이다.

비대면 시대를 지나며 퍼스널 브랜딩에 대한 관심은 더욱 커졌다. 이유는 온라인을 통해 누구나 하나의 키워드로 브랜딩을 할 수 있게 됐기 때문이다. 유튜브나 인스타그램, 블로그, 틱톡 등의 소셜 미디어를 통해 '콘텐츠'를 만들고, 그 콘텐츠를 통해 많은 사람에게 나를 알리는 것이 가능해졌다.

그렇다면 퍼스널 브랜딩을 위해 우리는 무엇을 먼저 해야 할까? 내가 어떤 키워드로 보이고 싶은지를 먼저 정해야 한다.

나를 하나의 단어로 표현한다면 어떤 단어들로 표현할 수 있을까?

_____

_____

_____

_____

_____

:2
내가 나를 알아야,
나를 알릴 수가 있습니다

퍼스널 브랜딩에 대한 수요가 늘어난 또 다른 이유는 퍼스널 브랜딩과 인플루언서의 개념을 동일하게 생각하는 사람이 많아서라고 생각한다. 하지만 인플루언서와 퍼스널 브랜딩은 같지 않다. 단순히 유명해지고 싶고, 돈을 많이 벌고 싶은 마음을 가진 사람에게 퍼스널 브랜딩은 오히려 답답하고 느린 길일지도 모른다.

네이버 오픈 사전에서는 퍼스널 브랜딩을 이렇게 정의하고 있다.

1. 퍼스널 브랜딩(Personal Branding)은 자신을 브랜드화하여 특정 분야에 대해서 먼저 자신을 떠올릴 수 있도록 만드는 과정을 말한다.

2. 특정 분야에서 차별화되는 나만의 가치를 높여서 인정받게끔 하는 과정

(출처: 네이버 오픈 사전)

즉 나를 알려서, 특정 분야에서 나를 떠올리게 하는 게 퍼스널 브랜딩이다. 그렇다면 내가 떠오를 수 있는 분야는 어디일까? 이 분야는 뾰족할수록 좋다.

모든 퍼스널 브랜딩의 첫 단계는 나를 아는 것이다. 퍼스널 브랜딩을 어떻게 시작해야 할지 물어보시는 분들께 '인스타그램에 평소 좋아하는 분야의 콘텐츠를 한번 올려보라'는 내용의 뻔한 답변을 드릴 때가 있다.

A: 퍼스널 브랜딩을 해보고 싶은데요. 어디서부터 시작해야 할지 모르겠어요.

B: 그래요? 그러면 인스타그램에 평소 관심 있는 분야의 콘텐츠를 하나씩 올려보는 건 어떨까요?

A: 근데 제가 뭘 올려야 할지 모르겠어요.

B: 평소에 뭘 좋아하세요? 좋아하는 걸 주제로 삼아보세요.

A: 아 근데 제가 뭘 좋아하는지 모르겠어요….

사람들은 확신을 원하고, 명확한 정답을 원한다. 하지만 내가 뭘 좋아하는지까지 정해주고 알려줄 수 있는 사람은 없다. 그렇기에 이다음의 답은 어떻게 해야 할지 아득해질 때가 있다.

다시 한번 말하지만 퍼스널 브랜딩은 나를 특정 키워드로 표현하는 것이다. 그러려면 어떤 분야에서, 어떤 키워드로 나를 보여주고 싶은지를 먼저 알아야 한다. 막연

하게 '퍼스널 브랜딩'을 하고 싶다! 는 생각만 하고 있다면 아무리 글 쓰는 법을 배우고, 포토샵을 배우고, 영상을 배워서 콘텐츠를 만들어도 그 콘텐츠는 허공에 흩어질 뿐이다. 내가 무엇을 해야 할지 모르겠다면, 일단 나의 취향을 먼저 파악해 보길 권한다.

삶이란 나를 알아가는 과정이라 생각한다. 분명 나는 나로 살아가지만, 나에 대해 모르는 게 아직도 많고 몰랐던 나를 발견할 때마다 깜짝깜짝 놀란다. 그나마 위안이 되는 건, 내가 뭘 좋아하는지 모르는 건 나만의 문제가 아닌, 대부분 사람이 가지고 있는 고민이라는 것이다. 그러니 이제부터라도 내가 좋아하는 게 뭔지 알아가면 된다. 내가 좋아하는 것을 찾고 싶은 분들이 조금이라도 빨리 취향을 찾으실 수 있도록 아래에 다섯 가지 해결 유형을 나눠보았다.

≪내가 좋아하는 것 빠르게 찾는 5가지 방법≫
① 좋아하는 것에 대해 깊게 생각할 시간을 갖지 못한 경우
② 분명 좋아하는 게 있었는데 누가 물어보면 생각이 나지 않는 경우
③ 경험이 부족한 경우
④ 선택 장애라 남들의 선택에 따라가는 일이 많은 경우
⑤ 좋아하는 걸 남들에게 말하기 싫은 경우

당신이 다섯 번째에 해당한다면, 무엇보다 한 번 질러보는 용기가 필요하다. 말하기 부끄러운 데는 여러 가지 이유가 있지만, 나 또한 다섯 번째 케이스에 해당하는 사람이었다. 나는 어렸을 때부터 누가 시키지 않아도 공부를 하는, 그냥 공부를

좋아하는 사람이었다. 하지만 이를 입 밖으로 말하기는 싫었다. 공부가 재밌다니, 이건 너무 재미없는 사람인 것 같으니까. 그래서 꽤 오랫동안 이 마음을 꽁꽁 내 안에만 간직하고 숨겼다.

그러다가 어느 순간부터 인스타그램에 하나씩 나의 공부 기록을 올리기 시작했다. 물론 주변에 티를 내고 싶지 않았기 때문에 아무도 모르는 새 계정을 개설했다. 보는 사람도 없고, 날 아는 사람이 없다는 것은 편했고 내 생각을 자유롭게 펼칠 수 있는 용기를 주었다. 신기하게도 그 과정에서 멋있다고 말해주는 사람도 있었고, 나처럼 일을 좋아하는 사람도 많이 만났다. 무엇보다도 내가 이상한 사람이 아니라는 것, 재미없는 사람이 아니라는 걸 깨달은 것만으로도 좋았다. 이후에는 내 주변 환경이 많이 변해 지금은 내가 오히려 공부를 덜 좋아하는 사람 축에 속한다. 아무도 모르는 곳에 질러본 것이었지만 이를 통해 나는 나에게 딱 맞는 친구를 많이 얻었고, 나에 대해 더 명확히 알 수 있었다. 어쩌면 지금 내가 있는 환경이 나의 취향을 공개하지 못하게 만드는 것일지도 모른다. 그러니 온라인 속 아무도 모르는 곳에 한 번 내 취향을 질러보길 바란다.

세 번째, 네 번째 유형이라면 주체적인 경험을 많이 해보길 추천한다. 경험이라는 자양분이 쌓여야 내가 진짜 좋아하는 것을 발견할 수 있다. 경험의 절대적인 모수가 너무 적다면 지금 내가 좋아하는 것들이 손바닥 뒤집듯 쉽게 바뀔 수밖에 없다. 물론 취향은 고정되어 있지 않고 흘러가기 때문에 늘 변할 수밖에 없지만, 그래도 내가 진심으로 좋아하고 즐길 수 있는 것을 찾기 위해서는 절대적인 경험의 양을 쌓는 시간이 필요하다.

어떤 사람은 카페에서 늘 아메리카노만 마신다. 아메리카노를 제외한 다른 커피를 마셔본 적이 없다. 그리고 자신은 아메리카노를 좋아한다고 생각한다. 이 사람은 정말 아메리카노를 좋아할까? 물론 지금은 아메리카노를 제일 좋아하지만 바뀔 가능성이 높다.

왜? 아직 바닐라라떼도 안 마셔봤고, 에스프레소도 안 마셔봤고, 아인슈페너 같은 수많은 다른 커피 메뉴들을 안 마셔봤으니까. 늘 먹던 것만 먹고, 하던 것만 하고, 가던 곳만 간다면 새로운 경험이 하나만 추가되어도 좋아하는 것은 금방 갱신된다.

또한 '주체적으로' 결정한 경험이 많아야 한다. 친구가 가자는 곳을 따라가기만 하고, 좋다는 것을 따라 사기만 한다면 시간이 흐를수록 사소한 결정 하나에도 큰 용기가 필요한 사람이 될 수밖에 없다. 무엇보다 내가 좋아하는 것을 만나기까지 시간이 오래 걸릴 수 있다.

첫 번째, 두 번째 유형인 분께는 기록을 추천한다. 기록은 나의 경험을 빅데이터로 체화시켜 줄 가장 강력한 수단이다. 기록 없는 경험은 휘발될 수밖에 없고, 그렇게 휘발된 경험은 나의 것이 될 수 없다.

나는 카페에 갈 때 드립 커피의 유무를 중요하게 생각한다. 그 이유는 별것 없다. 왠지 드립 커피가 있는 곳은 커피를 더 잘 알고 신경 쓰는 곳인 것 같아서다. 그렇게 드립 커피를 주문하면 늘 원두를 선택하라는 질문을 받는다. 그동안 수많은 드립 커피를 마셨고, 수많은 원두를 선택했지만, 사실 나는 오늘도 주문하며 "산미 없는 건 어떤 거예요?"라는 질문을 던졌다. 많은 드립 커피를 경험했지만 여기에 대해 깊게 생각해 보지 않았고, 맛을 음미하지도 않았기에 앞서 경험들은 나의 데이터베이스가 되지 않았다. 경험을 했는데도 무지한 상태가 이어진 것이다. 그렇기에 좋아하는 것을 만들고 나만의 취향을 만들기 위해서는 경험을 기록하는 것도 반드시 필요하다.

"뭘 좋아하세요?"라는 질문에 스스럼없이 답할 수 있다면, 거기에 왜 좋아하는지 이유까지 말할 수 있다면? 그 분야로 콘텐츠를 만들 수 있지 않을까? 그 분야로 퍼스널 브랜딩이 가능하지 않을까?

심리학자들이 말하기를 인간은 깨어 있는 시간의 90% 이상을 자신에 대해 생각하며 보낸다고 한다. 그런데도 자기 자신에 대해 잘 모른다. 귀찮거나 두렵다고 안주하기보다는 새로운 사람을 만나고, 새로운 공부도 해보고, 새로운 곳도 가보며 자신을 성찰하는 것이 우리에게 필요하다.

현실에 고착되지 말고 끊임없이 나를 찾는 여정을 이 책을 읽는 당신과 내가 즐길 수 있었으면 좋겠다.

SUMMARY

퍼스널 브랜딩을 해야겠다는 마음을 먹기 전, 내가 누구인지, 뭘 좋아하는지를 먼저 알아야 한다. 꼭 퍼스널 브랜딩 측면에서뿐만 아니라 내 삶을 위해서도 나를 잘 아는 건 중요한 일이다.

지금 당신은 무엇을 좋아하고 있는가?

_____

_____

_____

_____

: 3
남들이 다 하는 퍼스널 브랜딩
도대체 왜 해야 할까요?

"지금은 그 어느 때보다도 한 사람 한 사람이 더 큰 영향력을 가질 수 있는 시대다."

- 책 <트라이브스>

마음만 먹으면 누구든 자신의 이야기를 세상에 공개할 수 있고, 타인의 이야기를 볼 수 있다. 꼭 자신의 이야기가 아니더라도 좋은 정보를 큐레이션 해주는 것만으로도 영향력을 가질 수 있다. 그리고 이 콘텐츠들은 자연스럽게 나를 하나의 브랜드로 만들어 준다. 즉 퍼스널 브랜딩을 가능하게 해준다. 그 과정에서 팬이 생긴다. 그리고 나의 팬들은 나를 모르는 사람들에게 나를 알려준다. 그 과정에서 영향력이 생기고 다양한 기회들이 생긴다.

말 그대로 이제는 누구나 영향력을 가질 수 있는 시대다. 그렇다고 해서 꼭 영향력이 긍정적인 면만 있는 것은 아니다. 꼭 자신의 콘텐츠나 퍼스널 브랜딩이 필요한 것도 아니다. 영향력은 퍼스널 브랜딩을 하지 않아도, 자신의 콘텐츠가 없더라도 가질 수 있다. 익명의 커뮤니티에 글을 쓰거나, 댓글을 쓰는 것만으로도 충분히 큰 영향력을 끼칠 수 있기 때문이다. 물론 자신을 숨기고 의견을 남길 수 있는 공간의 특성상 악플과 유언비어로 선하지 않은 '영향력'을 가지는 경우가 대부분이고, 그렇게 쓰인 글/댓글은 사실이 아니더라도 어느 순간 진짜인 것처럼 퍼져버리기도 한다. 이처럼 영향력에는 어두운 면도 있다. 그리고 더 큰 영향력을 가질 수 있다는 것일 뿐, 모든 사람이 영향력을 가질 수도, 가질 필요도 없다.

"저는 그렇게까지 유명해지고 싶진 않은데, 그래도 퍼스널 브랜딩이 필요할까요?"

당연히 필요 없다.

하지만 퍼스널 브랜딩은 유명해지고 싶은 사람에게만 필요한 것은 아니다. 그저 잘 먹고 잘살기 위해서, 내가 원하는 일을 원하는 방식으로 하기 위해서도 브랜딩이 필요하다.

"평생직장의 개념이 사라지고 있듯이, 개인이 하는 일은 다양해지고 개인을 표현하는 수식어는 여러 개인 시대가 오고 있다."   - 책 <퇴사는 여행>

요즘 사람 구하기가 참 어렵다고들 한다. 그만큼 퇴사도 쉬워졌고, 꼭 취직해서 일을 하는 게 아닌 다양한 방식으로 일을 할 수 있다고 생각하는 사람들도 많아졌다. 라떼는(?) 학교 졸업 후 회사에서 일하는 게 당연한 수순이라 여겼지만, 요즘은 "프리랜서로 일하고 싶어서 회사에 들어가고 싶다"고 말하는 사람들도 꽤 있다. 그만큼 일의 방식과 일에 관한 생각 또한 다양해졌다.

일의 방식이 다양해진 만큼 일을 선택하는 기준 또한 다양해졌고 '자유'가 일을 선택하는 중요한 기준 중 하나로 자리 잡았다. 보편적인 근무 시간인 9시-6시, 보편적인 근무 장소인 사무실에서의 근무가 아니라 내가 원하는 장소에서 원하는 시간에 자유롭게 일하는 것이 일을 선택하는 하나의 기준이 된 것이다. 그리고 이런 추세를 따라 유연한 근무 장소와 시간을 당연하게 생각하는 기업도 점점 생기고 있고, 프로젝트에 필요한 사람들을 모아 일을 했다가 프로젝트가 끝나면 흩어지는 방식을 시도하는 경우도 종종 보인다.

이렇게 프로젝트에 맞춰 인원을 모았다가, 종료 후 흩어지는 방식으로 사람을 구한다면 어떻게 외부 인력을 찾을까? 이를 생각해 본다면 시간과 장소의 자유를 얻으며 일하고 싶은 사람들에게 필요한 것이 무엇일지 명확해진다.

예를 들어 패키지 디자이너를 찾는다고 가정해 보자.

첫 번째, '패키지 디자이너' 했을 때 바로 떠오르는 사람이 있다면 연락해 볼 수 있다. 지인 중 생각나는 사람에게 가장 먼저 연락해 보고, 또 지인들에게 소개해달라고 요청할 수도 있다. 그간 SNS, 유튜브 등을 통해 알고 있던 패키지 전문가가 있다면 그에게 연락을 해볼 수도 있다.

이 방법을 통해 연결됐다면 나를 증명하는 과정에 힘을 덜 쏟아도 된다. 연락이 왔다는 것만으로도 클라이언트는 전문가에 대해 어느 정도 신뢰를 가지고 있기 때문에 계약이 보다 빠르게 성사될 가능성도 높다.

두 번째는 직접 찾아 나서는 방법이다. 패키지 디자이너를 찾기 위해 포털 사이트, SNS에 검색하거나, 재능 마켓을 찾아본다. 이 방법을 통해 찾은 전문가는 첫 번째만큼 신뢰가 있지는 않다. 전문가는 자기 능력을 더 오래 증명해야 하고, 최대한 어필을 해야 한다. 왜냐하면 이때 전문가는 검색해서 나온 수많은 선택지 중 하나일 뿐이기 때문이다.

첫 번째 케이스는 퍼스널 브랜딩이 아주 잘 된 케이스다. 나를 '패키지 디자이너'라는 키워드로 가까운 지인들과 SNS 콘텐츠를 통해 인지시켰기 때문이다. 두 번째 케이스는 아직 SNS나 지인들에게 나를 하나의 키워드로 각인까지 시키진 못했지만, 그래도 내가 필요한 사람에게 노출되고 있고 문의로 연결될 수 있었기에 농도는 약하지만 '패키지 디자이너'라는 키워드로 퍼스널 브랜딩이 되어있다고 볼 수 있다. 이렇게 내가 하고 싶은 일에 기회를 얻으려면 나의 일이 어디에라도 노출되어 있어야 한다.

블로그나 인스타그램을 비롯한 공개된 곳에 내가 무슨 일하는 사람인지 단 한 글자도 적혀있지 않다면, 누구도 내가 무슨 일을 하는 사람인지 알지 못한다. 사실 대부분의 사람은 '전문적인' 콘텐츠가 아니라 단순히 '나는 이런 일을 하는 사람이다.'라는 뉘앙스를 풍기는 글도 남기지 않는다. 하지만 아무것도 공개되어 있지 않다면 그 어떤 곳에도 연결될 수 없고, 그 어떤 기회도 얻을 수 없다. 하다못해 이직 제안이라도 받고 싶다면 채용 플랫폼에라도 포트폴리오가 공개되어 있어야 한다.

지인이 "요새 무슨 일 해?"라고 물었을 때 "그냥 직장 다니지 뭐"라는 답만 했다면, 가까운 지인이라도 기회가 생겼을 때 내게 연결해 주지 못한다. 왜냐하면 내가 무슨 일을 하는 사람인지 주변에서도 아무도 모르기 때문이다.

명심해야 할 것은, 그 누구도 내가 무슨 일을 하는지 모르는 상황에서 나를 연결해 줄 수는 없다는 사실이다. 내가 대단히 유명해지기 위해서 아니면 엄청난 돈을 벌어 경제적 자유를 얻기 위해서만 퍼스널 브랜딩이 필요하지 않다. 단지 내가 원하는 일을, 원하는 방식으로 일하기 위해서도 퍼스널 브랜딩이 필요하다.

세상이 하루가 다르게 변하고 있다. 일의 방식도 조금씩 변하고 있는 게 보인다. 일의 방식이 변하고 있는 지금, 뒤처지는 사람이 되고 싶지 않다면 한 번 생각해 보자.

나는 어떤 일을 하고 싶고, 어떤 업무로 스카우트를 받고 싶은지.

SUMMARY

퍼스널 브랜딩은 이제는 대단한 성공을 위해서가 아닌, 정말 내가 원하는
일을 원하는 방식으로 하기 위해서 필요하다.

개인의 영향력이 커졌고, 평생직장의 개념이 사라지고 있다.

당신은 어떤 일로 돈을 벌고 싶은가?

_____

_____

_____

_____

_____

_____

_____

:4
나를 대체 불가능한 전문가로
만들어 주는 '퍼스널 브랜딩'

이제 퍼스널 브랜딩은 꼭 경제적 자유나 부자가 되는, 그런 대단한 목표를 위해서
만 필요한 게 아니다. 내가 하고 싶은 일을 원하는 장소에서 하기 위해 필요하다.

"저는 그리 전문적인 사람이 아닌데... 제가 어떻게 일로 퍼스널 브랜딩을 할 수 있
을까요?"

이런 물음이 생길 수도 있다.

하지만 교수나 대표처럼 권위를 인정받은 전문가들에게도 이런 내면의 목소리는

끊임없이 존재할 것이다. 그만큼 이 물음은 정답이 없고, 단지 내가 어떤 선택을 하느냐의 문제라 생각한다.

나는 그 내면의 목소리를 이겨내고 퍼스널 브랜딩에 도전하는 걸 적극 추천한다. 특히나 AI가 인간을 대체하고, 수많은 직업이 사라진다고 하는 이 시기에 AI와의 경쟁에서 이기기 위해서는 더욱 '퍼스널 브랜딩'이 필요하지 않을까 싶다. AI는 나보다 실수도 하지 않고 더 정확하지만 그럼에도 불구하고 나를 선택해야 한다는 걸 어필해야 하니까.

또한 '내 업무는 단순하고, 그리 전문적인 일이 아닌데?'라고 생각하는 사람도 있다. 하지만 그 안에서도 일 잘하는 사람과 못 하는 사람이 나뉘는 걸 보면 단순하고 비전문적인 일이라도 나를 어필할 방법은 존재한다.

나는 '물경력'에 대해 심각하게 고민했던 사람이다. 나는 항상 전문성이 부족하다고 여겼고, 누구나 나를 대체할 수 있다는 두려움을 늘 갖고 있었다. 작은 스타트업의 신입이자 유일한 마케터로 첫 커리어를 시작했다. 겪어본 사람은 알겠지만, 작은 기업의 마케터는 혼자서 여러 일을 해내야 하기 때문에 전문성을 가지기 어렵다. 퍼포먼스 마케팅, CRM 마케팅, 콘텐츠 마케팅을 비롯해 '이게 마케팅인가?'라는 자조적인 물음이 생기는 잡일까지. 내게 주어진 일들은 참 다양했다. 하는 일은 많고 늘 분주해 보였지만, "넌 무슨 마케터야?" "무슨 일 해?"라는 물음에는 꿀 먹은 벙어리가 되었다. 그때마다 내가 어린 나이에 커리어를 시작한 게 다행스러웠다. 지금 물경력이어도 앞으로 쌓을 수 있을 테니까 괜찮다고 생각하며 그 사색을 블로그에 적기 시작했다.

그 시절 썼던 글 중 '스타트업 보도자료 배포하는 방법'이라는 글이 기억에 남는다. 당시 같은 공유오피스에서 일하던 옆 회사 PR팀의 친구에게 이것저것 물어보며 보도자료를 작성하고, 기자분들을 찾아 배포했었는데, 기사화되어 감격스러운 마음을 담아 썼던 글이었다. 반응을 기대하고 쓴 글이 아니었지만, 신기하게도 나와 비슷한 환경에 있는 여러 스타트업 마케터들이 이 글을 보고 내게 많은 질문을 했다.

이 과정을 통해, 이런 작은 경험을 적는 것만으로도 누군가에게 도움을 줄 수 있고 또 이런 전문적이지 않은 신입의 기록을 필요로 하는 사람이 있다는 걸 깨달았다. 누군가에게 작은 도움을 줄 수 있다는 이 짜릿함이 계속 기록을 이어지게 했다. 추후 이런 기록을 인스타그램에 옮기며 더 많은 사람에게 마케터로 알려졌다.

시간이 꽤 지난 지금은 안다. 넓은 범위로 얕게 일했다고 해서 물경력이 아니라는 것을. 세상에는 제너럴리스트도 필요하고, 스페셜리스트도 필요하다는 것을. 넓게 일을 한다는 것은 한 프로젝트를 처음부터 끝까지 리딩하며 전 과정을 겪을 수밖에 없기에, 오히려 작은 회사에서는 더 필요한 인력이라는 것을. 그리고 내 일이 별거 아닌 것 같더라도 나의 일을 어떻게 알리고 표현하냐에 따라 내 커리어는 달라진다는 것을.

지금의 내 업무가 만족스럽지 않다면 더더욱 퍼스널 브랜딩에 힘을 쏟길 바란다. 내가 잘하고 싶은 일이 무엇인지 공개된 곳에 기록해 보고, 지금 내 일이 만족스럽지 않은 이유 또한 공개해 보길 바란다. 그런 글들이 차곡차곡 쌓여 퍼스널 브랜딩이 되고, 그로 인해 나에게 여러 기회가 생긴다.

지금 이 시대의 몸값은 내가 무슨 일을 하는 사람인지 얼마나 알고 있냐에 달려있다. 나와 함께 일하고 싶은 사람이 얼마냐 있냐에 따라 나의 몸값은 달라진다. 아직도 나의 일이 전문적이지 않으니 굳이 퍼스널 브랜딩을 할 필요가 없다고 생각하는가? SNS에 콘텐츠로 내가 하는 일을 알리는 건 내가 전문가가 될 수 있는 가장 기초적인 방법이다.

SUMMARY

내가 하는 일이 전문가답지도 않고, 다른 기회들이 찾아올 만한 일이 아니라고 생각하는가?

내가 하는 일을 누구나 할 수 있더라도, 그 누구나 중에서도 가장 유명하고, 글로 표현해서 알릴 수 있다면 그것만으로도 나는 전문 인력으로 퍼스널 브랜딩이 된다. 그러니 나의 일을 어떻게 알릴 수 있을지 생각해 보자. 나의 몸값이 달라질 수 있다.

내가 생각하는 나의 일은?

:5
브랜딩 vs 마케팅
그것이 문제로다

[PERSONAL BRANDING]

브랜딩이라는 단어가 범람하는 시대다. 그만큼 다들 브랜딩을 중요하다고 하고 브랜딩을 다루는 책도 많지만, 막상 브랜딩이 뭐예요? 라는 물음에는 선뜻 대답이 나오지 않을 때가 많다.

브랜딩과 마케팅을 비교해서 얘기하자면 더 감이 안 잡히기도 한다. 그도 그럴 것이 이는 떼려야 뗄 수 없는 관계기 때문이다.

브랜딩은 '~다움'이다.

인스타그램 게시글 하나를 봐도, "오, 이건 은진씨스럽다."라는 말이 나올 수 있는 것. 어떤 걸 해도 우리답다는 생각이 들면 브랜딩이 잘 되어있는 것이다.

브랜딩 잘하는 회사를 꼽자면 배달의민족이 빠지지 않는다. 배달의민족이 브랜딩 잘하는 회사로 꼽힐 수 있었던 이유는 '-다움'을 먼저 생각했기 때문이다. 배달의 민족은 큰 돈이 되지 않는 폰트를 개발했다. 그 결과 배민 폰트를 사용하는 것만 으로도 콘텐츠에서는 '배민다운' 느낌이 났다. 최근에는 무료로 누구나 사용할 수 있는 음악도 만들어서 배포하기도 했다.

브랜딩은 이렇게 작은 것 하나에도 '우리다움'이 나타나는 것이다.
그렇다면 마케팅은 무엇일까?

마케팅은 이를 '알리는 것'이다.

고객이 있는 곳을 찾고, 우리의 타겟이 좋아하는 방식으로 우리 이야기를 전하는 것이 마케팅이다. 우리 고객이 10대 여성이라면, 10대 여성들이 많이 보는 커뮤니티 를 찾고, 이들이 보고 싶은 방식으로 우리 브랜드를 알릴 수 있는 글을 올리는 것 이라고 할 수 있다.

브랜딩과 마케팅이 떼려야 뗄 수 없는 이유는, 마케팅을 통해 보여줘야 하는 게 결 국 브랜딩이기 때문이다. 어떤 소셜 미디어, 어떤 콘텐츠를 올린다 해도 결국은 '우 리다움'이 무엇인지를 보여줘야 한다. 퍼스널 브랜딩도 마찬가지다. 브랜딩을 통해 나는 이런 사람이라는 걸 표현하는 것도 중요하지만 이를 아는 사람이 나밖에 없다면 그 브랜딩은 의미가 없다. 퍼스널 브랜딩 후에는 나는 이런 사람이라는 것을 끊임없이 알리는, 나를 마케팅하는 과정이 필요하다.

그렇다면 퍼스널 브랜딩을 하고, 나를 마케팅하는 건 어떤 순서로 진행해야 할까? 공고한 퍼스널 브랜딩 이후 이를 잘 알리기 위해 필요한 단계들을 대략적으로 정리해 보았다.

① 사람들이 나를 어떤 단어로 불러주길 바라는지 명확히 한 단어로 정의한다.

② 내가 원하는 키워드와 유사한 키워드로 이미 불리고 있는 사람들은 누가 있는지 살펴본다.

③ 이미 있다면 그들은 어떤 콘텐츠를 올리고 있는지 분석해 본다.

④ 그들의 콘텐츠를 살펴보며, 나는 어떤 콘텐츠를 올릴 수 있을지를 적어본다.

⑤ 내가 올릴 수 있는 콘텐츠가 내가 추구하는 키워드에 부합한 콘텐츠가 맞는지 확인한다.

⑥ 어떤 소셜 미디어에 콘텐츠를 올릴 것인지 결정하고 해당 소셜 미디어의 원리를 공부한다.

⑦ 공부한 내용에 맞는 콘텐츠를 제작해 본다.

⑧ 콘텐츠 하나만 봐도 나라는 걸 알 수 있는지, 다른 사람들과의 차별점은 무엇인지, 나라면 팔로우하고 싶은지를 살펴본다.

이 단계들을 꼭 생각해 보고 책의 다음 장을 펼쳐보길 바란다.

:6
모든 일은
믿음에서부터 시작된다

"나를 브랜딩하고 마케팅하라는 말. 너무 뻔한데, 이게 말처럼 쉽지 않아요."

당연히 쉽지 않다. 이는 당장의 수익으로 연결되지도 않기에 더 어렵다. 하지만 나의 가치를 올리고 싶은 분께는 충분히 시간을 들일 가치가 있는 일이기도 하다. 그렇기 때문에 쉬운 것부터 해볼 것을 추천한다. 퇴근 후, 저녁 약속을 마치고 집에 온 지친 상태에서도 콘텐츠를 꾸준히 올릴 수 있을 정도로, 공수가 많이 들지 않게 기획해서 하루 20분만 투자하여 콘텐츠를 올릴 수 있게 루틴을 만드는 것이다.

우선은 한 발 내디뎌야 한다.

어려운데, 언젠간 해야 할 것으로 미루기만 하면 제자리에서 두렵기만 한 상태로 있는 것이다. 시작하기 전 두려움과 불안은 안개와 같다. 앞이 보이지 않는 안개. 하지만 앞이 보이지 않는 안개 속에서 한 발 내디뎌야 비로소 시야가 트이는 것처럼 일단은 도전해야 그 앞이 보인다. 그리고 이 작은 한 발을 내딛기 위해서는 스스로 할 수 있다고 믿어야 한다.

믿음은 선택의 문제다. 믿지 않기로 결심하면 증거가 눈앞에 보여도 믿지 않는다. 증거가 있어도 또 다른 증거를 요구한다. 믿기로 작정하면 믿어진다. 자신감 또한 마음먹기에 달렸다. 지금 상황이 좋지 않더라도 '될 수 있다'는 마음으로 바라보는 것과 '어쩐지 매번 똑같지 뭐'로 바라보는 것. 둘의 차이는 하늘과 땅 차이다.

언젠가 친한 언니가 내게 해줬던 말이 있다.
"주식의 마이너스는 100%가 끝이지만, 플러스는 무한대야."

비단 주식만 그럴까? 우리의 모든 삶이 다 그렇다고 생각한다. 우리가 잃을 수 있는 것은 얻을 수 있는 것에 비하면 많지 않다. 잃을 것에 초점을 맞추면 아무것도 할 수 없다. 도전하면 얻을 수 있는 무한한 것들을 바라보자.

여기까지가 퍼스널 브랜딩에 대한 워밍업이었다면 이제는 나의 퍼스널 브랜딩 이야기와 함께, 인스타그램으로 퍼스널 브랜딩을 하고 싶은 사람을 위한 이야기를 써보고자 한다. 지금도 써 내려가고 있는 내 인생의 챕터들이 많은 분께 도움이 됐으면 한다.

NAME

PART.2

나의
퍼스널 브랜딩
구축기

:1
내가 좋아하는 것을
어떻게 알 수 있을까?

"나는 뭘 좋아할까?"

앞에서 퍼스널 브랜딩의 첫 단계는 나의 키워드를 정하는 것이라 말했다. 퍼스널 브랜딩은 한 방의 대박 콘텐츠로 만들어지는 게 아닌, 시간을 들여 콘텐츠 하나하나에 나를 녹여내는 장기전인만큼 키워드는 내가 좋아하는 것이어야 한다. 그래야 롱런할 수 있기 때문이다. 하지만 내가 좋아하는 게 무엇인지 찾는 것부터 어려워하는 사람들이 많다.

취향은 주관적이고 정답이 없다. 그래서 오히려 나의 취향에 자기검열을 하게 되기도 한다.

"내가 이 정도 좋아하는 것 가지고 좋아한다고 말해도 되나?"
"이 사람 정도는 좋아해야 좋아한다고 말할 수 있지 않을까?"

이런 생각은 무의미하다.

좋아한다는 것은 굳이 누군가와 비교할 필요가 없는 온전한 나의 영역이다.

게다가 좋아한다는 감정은 이 세상의 그 누구도 정확히 측정할 수 없다. 아무도 "네가 이걸 좋아한다면서 얘보다 이렇게 안 하는 게 말이 돼?"라고 평가할 수 없는 것이다.

그럼에도 불구하고 어떨 때 이걸 좋아한다고 말할 수 있을까를 고민하던 찰나, 세계여행 유튜버인 굿수진님의 유튜브 영상에서 딱 맞는 표현을 찾았다.

"좋아한다는 것은 '다른 사람들은 이렇게까지 안 한단 말이야?'라고 깨닫게 되는 것이다."
- 유튜버 <굿수진>

이거였다. 이 문장을 보고 내가 좋아하는 게 무엇인지 더 명확해졌다. 그렇게 발견한 내가 좋아하는 것들은 아래와 같다.

첫 번째로 나는 온라인 공간을 꾸미는 것을 좋아한다. 어렸을 때부터 나만의 온라인 공간을 꾸미는 걸 좋아했다. 중고등학생 시절엔 싸이월드 미니홈피를 열심히 꾸몄었다. 도토리도 충전하고, 노래도 주기적으로 바꿔주고, 사진도 유행하는 스타일로 보정해서 올리는 게 삶의 낙이었다.

대학생 때는 블로그를 꾸몄다. 학교와 아르바이트를 마치고 새벽에 집에 도착해도 블로그에 글을 썼을 정도로 애정을 가졌다. 그리고 지금의 나는 블로그, 인스타그램, 유튜브 채널을 운영하고 있다.

두 번째로 나는 배우는 것을 좋아한다. 새로운 운동, 그림, 악기, 영어 공부나 영화 보기, 독서 등 사회 초년생 때는 이런 취미들에 빠져 원데이 클래스도 참 많이 다녔었다. 지금도 부지런히 여러 책을 읽고, 강의를 듣고, 새로운 만남을 가진다.

신기하게도 지금의 나는 내가 좋아하는 이 두 가지를 하며 돈을 벌고 있다. 내 이야기로 온라인 공간을 꾸미고, 각종 책과 강의를 돈을 받고 배운다. 게다가 마케팅과 콘텐츠를 만드는 일은 배움의 연속이다. 꼭 퍼스널 브랜딩을 목적으로 하지 않더라도 내가 어떤 행동을 할 때 행복한지를 아는 건 중요하다. 내 삶을 더 풍요롭게 해주는 것은 물론, 우선순위를 정할 수 있는 기준이 된다.

앞서 말한 나의 경험처럼 내가 좋아하는 게 무엇인지 꼭 한 번 생각해 보길 바란다.

SUMMARY

나는 무엇을 추구하는 사람일까?

많은 고민 끝에 나는 이야기를 콘텐츠로 만들고, 배우는 걸 좋아한다는 것을 알게 됐다. 내가 무엇을 좋아하는지 아는 것은 퍼스널 브랜딩의 첫걸음이다. 꼭 퍼스널 브랜딩이 아니더라도 삶을 풍요롭게 만들기 위해서, 나의 취향에 대한 고민은 필수다.

내가 추구하는 취향은 무엇일까?

:2
저예산으로
좋아하는 것을 찾을 수 있을까?

"좋아하는 걸 찾고 싶고, 많은 걸 경험해 보고 싶어요. 하지만 경험도 다 돈인걸요."

늘 돈이 부족했던 20대 초반에 내가 했던 말이다. 다행히 나는 큰돈 없이도 많은 경험을 할 수 있었는데, 블로그 체험단과 KT&G 상상유니브 클래스를 활용한 덕분이었다.

21살 나는 파워블로거가 되겠다는 단순한 목표로 블로그를 시작했다. 12시가 넘어 집에 와도 꼭 1일 1포스팅을 했을 정도로 열정이 넘쳤었다. 그렇게 블로그가 조금씩 성장했고, 그 덕분에 나는 배우고 싶었던 모든 것을 블로그 체험단을 통해 배울 수 있었다. 그때 배웠던 것들은 베이킹, 꽃꽂이, 기타, 피아노, 발레, 필라테스, 도자기 만들기 등의 취미 클래스에서부터, 카피 라이팅 수업, 구글 애널리틱스 수업 등 실무와 관련된 클래스들까지 다양했다. 또한, 대학생들이 다양한 취미 클래스를 저렴한 가격으로 배울 수 있도록 도와주는 KT&G 상상유니브 클래스로 도자기 페인팅, 난타, 우쿨렐레, 플라워 클래스도 들을 수 있었다.

이런 방법으로 나는 많은 취미활동을 했고, 또 이 경험을 통해 수익화에 도전하여 새로운 경험을 창출했다. 어렸을 때부터 글씨가 예쁘다는 말을 많이 들었던 나는 독학으로 캘리그래피를 익혔고, 당시 회사에서 운영하던 카페의 베이커리 네임텍, 알림판 등을 내 글씨로 꾸몄었다. 그 과정에서 내 글씨를 팔 수 있겠다는 자신감이 생겨 재능 판매 플랫폼에 캘리그래피 외주 페이지를 열었다. 신기하게도 문의가 들어왔다. 또한 캘리그래피 크루에 가입하여 전시 작가로 참여해 보기도 했다. 지금은 캘리그래피로 수익화하고 있진 않지만, 손글씨가 내 콘텐츠의 아이덴티티가 되었다.

꽃을 배운 것도 여러 경험으로 이어졌다. 꽃다발을 만들어 주변에 선물했고 캘리그래피 액자를 만들 때도 도움이 됐다. 그뿐만 아니라 졸업 시즌에는 고등학교 앞에서 친구와 함께 꽃다발을 만들어 팔기도 했었다. 블로그를 열심히 한 덕분에 체험단과 광고로 돈을 벌 수 있었음은 물론, 강의도 열어보고, 전자책도 만들어 보고 블로그 운영 대행도 할 수 있었다. 블로그 덕분에 여러 대외활동에 참여했고, 비교적 쉽게 마케터로 일을 시작할 수 있었다.

지금은 그때보다 훨씬 더 다양한 무료 경험들이 많다. 학생이라면 각종 대외활동과 대학교 홈페이지를 꼭 자주 살펴보자. 학교에서 하는 프로그램들도 잘 이용하면 의외로 쏠쏠하다.

나는 큰돈 없이도 이렇게 여러 배움을 쌓았고, 이를 연결해 경험을 확장했다. 이 과정에서 나에 대해 더 잘 알게 됐다. 아직도 나는 배우고 싶은 것들이 많고, 해보고 싶은 경험이 많다. 그리고 내가 좋아하는 건 언제든 바뀔 수 있고 머지않아 바뀔 것이다.

경험을 쌓기 위해 돈을 써야 한다는 말은 맞는 말이다. 하지만 찾아보면 무료, 혹은 적은 돈으로 경험할 수 있는 것들이 많다.

지금 상황에 맞는 경험을 적극적으로 찾아보자.
생각보다 우리 상황에 맞는 다양한 기회들이 있다.

SUMMARY

경험을 많이 해보라는 말. 말은 쉽지만, 학생, 사회 초년생이라면 돈이 없어서 경험을 주저하기 마련이다.

나는 내가 운영했던 블로그로 체험단을 받고, KT&G에서 운영하는 상상 유니브를 통해 다양한 걸 배울 수 있었다. 내가 배웠던 것을 토대로 수익화를 해보는 경험도 정말 큰 경험이 되었다.

만약 내가 세상의 모든 것을 무료로 배우고 경험할 수 있다면 나는 무엇을 배우고 싶을까?

:3
하고 싶은 게 너무 많을 땐
어떻게 해야 할까?

모든 사람은 삶에서 적어도 6개 이상의 역할은 가지고 있다고 한다. 누군가의 친구, 딸이자 언니, 직장에서는 사원, 동료, 회사 밖에서는 블로거, 인스타그래머 등 이런 식으로 꼽자면 6개는 누구라도 금방 말할 수 있을 것이다.

나는 얕게 한 경험들이 많아서 스쳐 지나간 역할도 많다. 마케터, 콘텐츠 크리에이터, 취미 브이로그 유튜버, 캘리그래피 작가, 마케팅 대행사 대표, 마케팅 강사 및 컨설턴트 등. 그렇다 보니 퍼스널 브랜딩의 가장 중요한 요소인 '나만의 키워드'를 잡는 것이 가장 어려웠다. 나의 키워드를 하나로 좁힐 수 없었기 때문이다. 모든 일을 재미로 시작했지만, 다 잘하고 싶었고 돈을 벌고 싶었다. 모든 것에 가능성은 보이나 뚜렷한 두각을 나타내는 것은 없었다.

성장을 위해서는 하나에 집중해야 했다. 머릿속으로는 너무 잘 알고 있었다. 하지만 '선택과 집중'이 이토록 어려울 줄이야. 일을 벌이는 건 잘했다. 늘 새로운 아이디어가 생겼고, 새로운 일을 하는 게 더 재밌었다. 그리고 나는 이게 나의 장점이라 생각해 왔다. 하지만 얼마 전, 책 <인스타 브레인> 속 한 문장을 읽고 깨달았다. 이건 나의 장점이 아닌 내가 극복해야 할 본능 중 하나일 뿐이라는 걸.

"우리는 태어날 때부터 새롭고 낯선 것을 향한 강력한 욕구가 있으며, 이는 새로운 곳으로 여행을 떠나고, 새로운 사람을 만나고, 또한 새로운 것을 경험하고자 하는 우리의 갈망에 영향을 주었다. 어쩌면 이게 음식과 자원이 부족했던 세계에서 우리 선조들이 새로운 기회를 탐구하도록 동기를 부여했는지도 모른다." – 책 <인스타 브레인>

물론 이 문장만 보면 새롭고 낯선 것을 향한 강력한 요구는 좋은 의미인 것 같지만, 내가 이 문장에서 주목한 것은 우리는 태어날 때부터 새로운 것에 대한 강력한 욕구가 있다는 내용이었다. 새로운 일을 찾아다니는 것은 나만의 강점이 아닌, 누구나 갖고 있는 본능과 같다는 말이다.

그렇기에 나는 선택과 집중에 대해서 해줄 수 있는 말이 없다. 나도 썩 잘하지 못하는 영역이기 때문이다. 나는 먼 길을 돌고 나서야 겨우 내가 보여주고 싶은 모습을 하나로 정했다. '마케터로서 나를 보여주고 싶다.'라는 뚜렷한 목표를 가진 지도 그리 오래되지 않았다. (이조차도 더욱 좁히면 좋을 것 같지만)

보여주고 싶은 모습이 너무 많았고,

무엇 하나 놓을 줄 모르는 욕심 많은 사람이었던 나.

그 욕심이 사실은 어떤 것도 빠르게 성장시키지 못했던

원인 중 하나였음을 고백한다.

SUMMARY

많은 경험이 필요한 건 맞다.

하지만 빠른 성장을 위해서, 그리고 명확한 퍼스널 브랜딩을 위해서는 그 많은 경험 중 뚜렷하게 성장하고 싶은 분야를 하나로 좁혀야 한다. 선택과 집중이 우리를 더 빠르게 성장시켜 줄 것이다.

나는 지금 어떤 영역에 보다 집중해야 할까?

_____

_____

_____

_____

_____

_____

_____

:4
나의 실패 사례 모음집

나는 현재 블로그, 인스타그램, 유튜브 이렇게 총 세 개의 채널을 운영하고 있다. 세 채널의 콘셉트는 꽤 명확하다. 메인 타깃은 마케터 혹은 마케팅에 관심 있는 사장님, 서브 타깃은 자기 계발을 원하는 사람들이다. 지금은 꽤 그럴싸한 인플루언서처럼 보이지만, 불과 1년 반 전만 해도 내가 이렇게 방향을 잘 잡고 성장하게 될 줄 몰랐다.

하고 싶은 게 너무 많고, 보여주고 싶은 것도 많은데 어떻게 다른 사람들은 단 하나만 선택할 수 있을까라는 물음에 답을 할 수 없었던 게 고작 1년 반 전의 일이다.

회사에서 브랜드 콘셉트를 명확히 잡는 것은 쉬웠다. 단호하게 하나의 콘셉트를 고집하고, 오히려 변주를 주는 것에 어려움을 겪었던 게 나였다. 하지만 나에 대해서는 하나를 뚜렷하게 잡는 게 어려웠다. 그렇다면 그 어려움에도 불구하고 제대로된 콘셉트를 잡아 3개의 채널을 성장시킬 수 있었던 비결은 무엇일까?

비결이라기엔 대단하지 않아 민망하지만, 사실 그냥 지쳐서 내린 결정이었다. 나는 욕심이 많은 사람이고 직접 해봐야 정신을 차리는 사람이라 이렇게 다 해보고 나서야 비로소 하나를 정할 수 있었다. 콘텐츠를 다양한 주제로 마음대로 만들다 보니 각기 다른 색깔을 지닌 여러 채널을 운영하게 됐고, 그러다 보니 처음엔 재미로 시작했던 콘텐츠 제작이 어느샌가 일보다 더 일처럼 느껴졌다. 이렇게 살다가는 콘텐츠를 만드는 나 말고, 화면 밖의 내 삶이 사라질 것 같았다. 그렇게 삶의 시간을 콘텐츠에 다 써버린 그때서야 '다 버리고 하나만 하면 뭐 할래? 라는 물음에 제대로 답을 할 수 있었다.

그 답은 '마케터'였다.

퍼스널 브랜딩, 인플루언서, 브랜딩… 이미 답은 세상에 다 나와 있다. 많은 유튜버가 말하고, 책에서 말하는 퍼스널 브랜딩 방법, 콘텐츠 기획 방법, 채널 운영 방법 등. 그 모든 게 다 정답이다. 그들이 하는 얘기가 뻔하게 느껴질 수도 있고, 실제로 뻔할 수 있지만 뻔할수록 정답인 이유가 있다.

결국, 정답은 좋아하고 + 잘하고 + 지속 가능한 이 세 교집합의 소재를 정해야 한다는 것.

단지 해보고 싶다는 이유로 다양하게 도전을 했지만, 그것은 지속 가능하지 않았다. 지금부터는 내가 직접 해보고야 비로소 알았던, 어쩌면 나에게는 흑역사일지도 모를 내 인스타그램의 역사를 얘기해 보려 한다. 한 번에 되지 않았을 뿐만 아니라 방향을 잡는 데까지도 오래 걸렸다.

이 사실이 이 책을 읽는 여러분들에게 작은 위안이 되었으면 한다.

:5
나의 인스타그램 운영기
A to Z

글을 쓰고 있는 현재. 나는 인스타그램 3.2만의 팔로워를 보유하고 있다.

인스타그램이 성장한 후 많이 받았던 질문 중 하나는 "지금 인스타그램을 이렇게 키우는 데 얼마나 시간이 걸렸나요?"였다. 1년~1년 반 정도라고 답변했지만, 답할 때마다 애매하고 찝찝했다. 중간중간 콘셉트와 목적을 많이 바꿨기 때문이다. 그래서 변경된 콘셉트를 하나씩 나열해 보려 한다. 참고로 시기는 나의 기억과 대략적인 기록으로 유추한 것이라 정확하지 않다.

1. 2019년 4월쯤

   ① 아이디: daisy_craft

   ② 목적: 캘리그래피 액자, 엽서 판매 채널

내 손글씨에 자부심을 느끼고 있었던 나는 시중에 판매 중인 캘리그래피 액자들을 보며 이런 생각을 했다.

'어, 내가 하면 더 예쁠 것 같은데?'

이런 생각이 든다면 해봐야 직성이 풀리는 피곤한 사람이 바로 나다. 그래서 캘리그래피 액자를 만들어서 팔아보기로 결심했다. '인스타그램에 결과물을 올리는 것만으로도 포트폴리오가 된다.'라는 친한 언니(TMI지만 이 언니는 정말 인스타그램에 만든 케이크들을 올리기만 했는데, 그것만으로도 성공적으로 케이크샵을 4년째 운영 중이다.)의 조언을 듣고 판매 채널로 인스타그램을 택했다. 그렇게 인스타그램 계정을 만들었다.

이름은 '데이지 크래프트'. 데이지 크래프트인 이유는, 내 영어 이름이 데이지이고 다음에 더 다양한 제품들로 확장할 때 용이하게 쓰고 싶어서였다. 이때는 '제품 판매'가 주목적이었기 때문에 액자도 사고, 샘플도 만들고, 사진도 열심히 찍었다. 그래서 액자가 몇 개나 팔렸을까? 부끄러워서 말하기 싫지만 총 4~5개 정도의 액자가 팔렸다.

돈을 바라보고 시작한 거라 그런지 쉽게 돈이 벌리지 않자 실망했고, 잘되지 않았다는 사실이 부끄러웠다. 그래서 숨겼다. 그 후로도 외주 받았던 거나 제작했던 케이크 토퍼를 간헐적으로 올리기도 했지만 결국 계정을 방치하고 말았다.

2. 2020년 3월

① 아이디: hobbygirl_cali

② 목적: 인스타그램 성장

다시 시작한 이유는 마케터라면서 내 인스타그램도 못 키우는 게 자존심 상해서가 첫 번째 이유였고, 한 번 인스타그램을 키운 경험이 있어서가 두 번째 이유였다.

2019년쯤 회사에서 기획했던 카페 마케팅을 맡았었다. 마케팅이라고 했지만, 초반에는 인스타그램 계정만 열심히 파고 운영했다. 그리고 그 결과 정말 인스타그램 하나만으로 성공적으로 가게를 런칭할 수 있었다. 인스타그램 하나만이라고 장담할 수 있는 건 이 카페는 간판도 없었고 심지어 상가 고층에 위치했었기 때문이다. 그때 나는 인플루언서 지인이 있지도, 다른 마케팅 채널을 활용하지도, 광고도 하지 않았었다. 이 경험을 토대로 나는 명언, 명대사, 책 구절을 손글씨로 써서 올리는 자기 계발 인스타그램을 시작했다.

이번에는 꾸준히 하고 싶었기 때문에 '인스타그램 매일 올리기 도전'이라는 챌린지에 참여하여 환경을 조성했다. 환경이 조성되어 있었기 때문인지, 30일 동안 꾸준히 업로드를 했고 그 후로도 습관이 돼서 2~3개월간은 매일 콘텐츠를 생산했다.

조금씩 성장은 했지만, 이때도 6~7개월 정도 운영하다가 접었다. 큰 성장이 보이지 않아 재미가 없었고, 한 번 미루고 보니 두 번 세 번 미루기는 쉬워졌기 때문이다.

3. 2021년 3월

  ① 아이디: hobbygirl_diary

  ② 목적: 인스타그램 성장 + 마케터 영감 계정으로 콘셉트 변경

이렇게 명언들만 올리는 건 재미가 없었다. 그래서 내가 관심 있는 분야를 정해 공부라도 하자는 마음으로 마케터 영감 계정으로 콘셉트를 변경했다. 이 당시에는 영감 계정이 한창 유행하고 있어서 잘하는 계정을 보며 질투를 느낀 게 또 하나의 동기부여가 되기도 했다. 그렇게 또 꾸준히 계정 운영을 했다. 이번 콘셉트는 계정이 빨리 성장하지 않았지만 이렇게 콘텐츠를 올리는 것만으로도 생각 정리에 도움이 됐다. 그뿐만 아니라 같은 직종인 마케터 분들과 소통을 하며 인스타그램에 재미를 붙이게 됐다.

4. 2021년 4월~5월 (추정)

  ① 아이디: success_eunjin

  ② 목적: 아이디 통일

인스타그램을 계속하고는 있었지만, 생각만큼 성장하진 않았다. 그래서 유튜브로 자꾸 눈길이 갔다. '역시 유튜브를 해야 대박이 나는 건가?' 싶은 마음에 유튜브 채널을 개설했다. 그렇게 별생각 없이 유튜브를 시작했더니 내 삶은 난리가 났다. 회사에 다니며 유튜브, 블로그, 인스타그램 세 채널을 운영하게 된 것이었다. 게다가 당시 세 채널의 콘셉트는 다 달랐다.

블로그는 영화 & 취미를 주제로, 유튜브는 부업을 주제로, 인스타그램은 마케팅

을 주제로 운영했다. 세 주제의 연관성도 적다 보니 콘텐츠를 만드는 시간은 훨씬 늘어났고, 어느덧 울며 겨자먹기식으로 콘텐츠를 만들고 있는 나를 발견했다. 그제 야 이건 아니라는 생각을 했다. 콘텐츠 만드는 사람 이전에 '나'로 잘 살고 싶다는 마음이 들었다. 그래서 세 채널의 주제를 통일하기로 했고 하나의 콘텐츠가 여러 채널에 업로드되도록 기획했다. 그렇게 통일된 주제가 '마케팅'이다.

그러면서 인스타그램 아이디도 변경하였는데, 유튜브 채널 이름인 '성공할른진*'에 맞춰서 success_eunjin으로 하였다. 마케터은진으로 하지 않은 이유는, 성공할른 진이라는 이름이 더 마음에 들었고 왠지 더 잘될 것 같다는 생각이 들어서였다.

5. 2021년 12월

① 아이디: success_eunjin

② 목적: 가독성 좋은 콘텐츠로 디자인 변경

하지만 선뜻 콘텐츠 디자인을 바꾸지 못했다. 왜냐하면, 이전까지 내 콘텐츠의 반응이 꽤 좋았기 때문이다. 그래서 '바꿨을 때 반응이 없으면 어쩌지? 있던 팔로워도 떨어지면 어떡하지?'라는 고민을 했었다. 노트를 찍어 올리는 건 '감성'적인 느낌이 나지만, 디자인 콘텐츠를 올리면 '정보'로만 느껴지지 않을까? 라는 생각도 했다. 하지만 모두가 더 강렬한 콘텐츠를 만들고 있는 이때, 시도해 보는 것도 나쁘지 않을 것 같았다. 올리고 반응 안 좋으면 다시 조용히 원래대로 하면 된다는 마음으로 아이패드로 콘텐츠를 만들어 올렸다. 그렇게 콘텐츠 디자인을 바꾸자, 예상치 못한 일이 일어났다. 디자인만 바꿨을 뿐인데 잘 늘지 않던 팔로워가 빠르게 1,500명

---

* 참고로 '성공할른진'은 이중적인 뜻을 가지고 있다.
첫째는 성공할 + 은진이고, 둘째는 성공할 런지는 모르겠지만 해본다는 의미이다.

이 되고, 3,000명이 되고, 6,000명이 되고 10,000명이 되는 믿기지 않는 일이 일어났다.

이렇게 클 수 있었던 이유는 두 가지다.

첫 번째로 원래 콘텐츠 자체의 반응이 좋았기 때문이고, 두 번째로 아이패드로 만든 콘텐츠가 가독성이 좋았기 때문이다. 콘텐츠 내용은 변하지 않았지만, 옷을 다르게 입히니 인스타그램에서 노출을 많이 시켜주고 그렇게 더 많은 사람에게 닿으니 반응은 폭발적으로 많아졌다.

인스타그램에 관한 얘기를 조금 더 하자면, 운영 초반에는 인스타그램 알고리즘에 잘 걸리지 않기 때문에 우리가 할 수 있는 모든 노력을 다해야 한다. 예를 들면 전략적인 해시태그 사용, 소통, 콘텐츠 개선 등이 있다. 폭발적인 성장을 위해서는 탐색 탭에 노출이 되어야 하는데 콘텐츠 초기 반응이 좋다면 탐색 탭에 조금씩 노출이 된다. 그렇게 탐색 탭에 올라가면 많은 사람들이 유입되고 그 이후 반응도 좋다면 더 많은 사람들에게 콘텐츠가 노출된다. 그리고 이렇게 한 번 띄워준 계정은 이후에도 계속 띄워줄 가능성이 더 크다.

가치 있는 내용으로 반응을 끌어내는 것도 중요하지만, 사람들의 시선을 끌 수 있는 콘텐츠의 옷을 어떻게 입히느냐도 중요하다는 걸 이때 깨달았다. 특히 수많은 콘텐츠 중 선택을 받기 위해서는 매력적인 '첫 장', 즉 섬네일을 위해 카피와 디자인을 모두 주목도 높게 만들어야 한다는 사실을 절실히 느꼈다.

6. 2022년 2월

① 아이디: success_eunjin

② 목적: 신규 콘텐츠 추가

그러던 어느 날, 내 계정의 주요 타겟과 그들이 내 계정을 팔로우해야 하는 이유에 관해 이야기하는 시간이 있었다. 그전에는 깊이 생각해 보지 않았는데, 이 질문을 계기로 내 채널에 대해 더 깊게 생각해 볼 수 있었다. 내 계정의 주요 타깃은 예비/주니어 마케터였다. 그들이 나를 팔로우해야 하는 이유는 나는 5년 차 마케터고, 당시 영감 계정 운영하는 분들의 대부분은 예비/주니어 마케터라는 점에서 전할 수 있는 내용의 차별화가 있어서라 생각했다. 나의 이 얘기를 들은 클럽장님은 (인스타그램 심리학책을 내신 문영호 마케터님) 내게 "그러면 진짜 마케터만 해줄 수 있는 실무 얘기를 해보는 게 어때요?"라고 얘기하셨고 나는 그 말을 당장 실천에 옮겼다.

이를 곧바로 실천으로 옮길 수 있었던 이유는 이미 블로그에는 실무 경험을 담은 콘텐츠를 올리고 있었기 때문이었다. '마케터 주간업무일지'라는 이름을 달고 매주 나의 일 이야기를 쓰는 콘텐츠였는데, 이를 인스타그램에 올리지 않았던 이유는 원래 올리던 콘텐츠와 다르기도 하고, 나를 전문가로 아는 사람이 많은데 막상 내가 일하는 이야기를 쓰면 나의 구멍이 너무 많이 보일 것 같아서였다. 하지만 이번에도 콘텐츠 디자인을 바꿨던 때처럼 해보고 반응이 안 좋으면 다시 원래대로 올려야지라는 마음으로 가볍게 올렸다.

나의 걱정과는 다르게 첫 게시글부터 반응은 너무 좋았고, 이 콘텐츠 이후에 나를 하나의 마케팅 정보 계정이 아닌 인간 마케터 은진으로 봐주는 사람들이 많아졌다. 무엇보다 주간업무일지는 '댓글'이 많이 달리는 콘텐츠다. 실제 경험을 다루기 때문에 소재 선정부터 올리기까지 고민도 많이 하고, 올리기까지 가장 오랜 시간이 걸리는 콘텐츠이기도 하다.

이 게시물 시리즈를 통해 역시 가장 개인적인 것이 가장 창의적이라는 걸 다시금 깨닫게 되었다. 나만의 오리지널 콘텐츠를 어떻게 더 늘릴 수 있을지, 나는 여전히 고민하고 있다.

:6
지금은
원소스멀티유즈
One source multi use

앞서, 나에게 선택과 집중이 가장 어렵다고 말했었는데, 왜 어려웠을까를 곰곰이 생각해 보니 그 이유를 알게 됐다.

바로 목표가 없었기 때문이었다.

뚜렷한 목표가 없으니 이것도 잘될 것 같고, 저것도 잘될 것 같다는 마음으로 모두 얕게 발만 담근 거다. 그렇게 해보기만 하다 보니 자꾸만 보여주고 싶은 내 모습은 세포 분열하듯 늘어났고, 열심히는 하지만 목적 없이 달리기만 할 뿐이었다.

내가 되고 싶은 내 모습은 생각하면 할수록 명확했다. 나는 마케터로 유명해지고 싶었다. 근데 그전에는 마케터보다는 '유명'이라는 단어에 더 꽂혔고, '마케터'로 유명해지는 건 내 일이 아니라고 생각했다. 그래서 '마케터'의 나를 제대로 보여주지 못했다. 이미 하고 있는 것들도 최고의 성과는 아니지만, 그럭저럭 성과가 있으니 그 가능성을 놓치고 싶지 않았다. 이제 이렇게는 못 하겠다는 생각이 들 때에서야 내가 얻은 것은 어정쩡한 숫자라는 훈장밖에 없다는 것도 깨닫게 됐다. 그리고 목적 없이 방문자 수, 구독자 수, 팔로워에 집착했던 과거의 나를, 명예뿐인 훈장을 내려놓을 수 있었다.

지금 이런 말을 한다면 "에이 그건 인스타그램 팔로워가 많으니까 그럴 수 있는 것 아니에요?"라고 생각할 수도 있을 것 같다. 그래서 인스타그램 팔로워가 1,500명이 되기도 전, 블로그에만 5번째 마케터 주간업무일지를 올렸을 시점. 내게 생겼던 일에 대한 글을 공유해 본다.

"벌써 오늘로 5번째 이야기를 매주 올렸고, 신기하게도 이 글을 좋아해 주시는 분들이 있어 감사하다. 게다가 블로그 글을 보고, 나의 직무에 맞는 책/서비스 리뷰를 원고료까지 받으며 쓸 수 있는 제안을 세 건이나 받았고, 심지어 내 블로그 글을 많이 읽고 메일로 제안을 주신 거라 메일을 읽는 동안 행복하기까지 했다.(물론 블로그로 제안은 많이 받았지만, 실제 내 글을 읽은 사람들이라는 느낌을 진하게 받은 건 이번이 진짜 처음이다) 내가 진짜 좋아하는 분야를 '배우며' 돈을 번다는 게 진짜 가능하다는 것을 한 달 만에 느끼게 되어 기분이 좋았다. 정말 이렇게 돈을 벌고 싶기도 하고. 내 생각과 전문 분야를 솔직하게 드러내는 것을 꾸준히 해야겠다는 다짐도 생긴다."

5번째 주간업무일지를 썼던 이때, 내 블로그 방문자 수는 그 전에 비해 못해도 2/3는 줄었었다. 그럼에도 불구하고, 무미건조한 다수를 대상으로 한 제안 메일이 아닌 '잘 보고 있다는' 인사와 함께 나에게 딱 맞는 제안 메일이 많아졌다. 원고료는 더 높아졌다.

이때 머릿속으로만 이해했던 걸 마음으로 온전히 깨달았다. 콘텐츠만으로 퍼스널 브랜딩을 하는 게 되는 거구나. 엄청난 숫자를 갖지 않아도 되는구나. 솔직하게 내 생각을 드러내는 것만으로도 진짜 돈을 벌 수 있는 시대구나.

방문자 수에 계속 집착했다면, 방문자 수를 올리기 위해 사람들이 많이 검색할 만한 키워드에 맞춘 정보성 글을 더 많이 썼을 거다. 하지만 나의 카테고리와는 상관없이 노출이 잘될 것 같고 방문자 수가 많이 늘 것 같은 키워드를 버렸고, 그 뒤로 내게 더 많은 기회가 생겼다. 이 글과 함께 노래 두 곡을 추천한다.

악동뮤지션 <낙하>
빅뱅 <still alive>

우리가 지금 애써 잡고 있는 것들을 놓았을 때, 큰일이 생길 것 같지만 오히려 또 다른 자유를 얻을 수도 있다. 아니면 더 큰 걸 얻을 수도 있다. 놓을 용기가 없을 때, 나에게 위로를 주었던 노래다.

:7
이렇게 쉽게
방향을 바꿔도 될까?

"SNS를 성장시키기 위해서는 한 주제를 유지하는 게 중요하다고 하는데, 중간에 주제를 바꿔도 될까요?"

당연히 한 주제로 SNS를 운영하는 게 좋다. 하지만 나는 중간에 주제를 꽤 많이 바꿨다. 바꾸는 걸 그리 심각하게 생각하진 않았다. 왜냐하면, 그때의 나는 가진 것이 별로 없었기 때문이다. 가진 게 없다면? 딱히 잃을 것도 없다. 그래서 그냥 했다.

당시 인스타그램에서 내가 최대로 잃을 수 있는 것은 팔로워 1,000명이었다.(물론 이 팔로워도 굉장히 귀합니다) 게다가 "당신 정말 마케팅의 전문가군요! 제 제품도 마케팅해 주실

래요? 광고 의뢰합니다!"라고 해주시는 분들도 없었다. 인정받거나, 돈을 벌거나 둘 중 하나라도 있었다면 고민을 많이 했겠지만, 그때는 아무도 내 계정에 관심이 없다고 생각해서 더 쉽게 바꿀 수 있었던 것 같다.

하지만 꽤 오랜 시간 운영했던 블로그는 잃을 게 많기에 주제를 바꾸는 데 어려움이 있었다. 당시 일일 방문자 수가 3~4,000명은 되었기 때문이다. 블로그가 하나의 주제를 중요하게 생각한다는 것도 너무 잘 알고 있었다. 네이버에서 공식적으로 알고리즘에 대해 안내하고 있고, 하나의 주제를 일관되게 유지한 블로그가 높은 점수를 얻을 수 있다고 명확히 기재되어 있다. 그만큼 한 분야의 전문성을 중요하게 생각하는 채널이다. 오랜 운영 기간만큼 이미 게시글 수도 많았기에 다른 주제로 블로그 운영 방향을 바꾼 게 지수 측면에서는 독이 된 것도 맞다고 생각한다.

오랜 고민 끝에 블로그 주제를 변경했지만, 후회는 없다. 오히려 너무 좋다. 방문자 수가 떨어진 것에 대한 아쉬움도 없다. 목표가 달라졌기 때문이다. 이전 블로그 운영 목표는 '높은 방문자 수'였다면, 지금은 '이웃의 수'를 늘리는 것이다. 내 블로그 글을 진짜 좋아하는 사람들을 만드는 것. 내 글을 읽고 "아, 저 마케터는 진심으로 일을 대하는구나."라고 생각하는 것.

하지만 앞에서 말했던 것처럼 한 채널의 컨셉을 많이 바꾸는 것을 추천하지 않는다. 특히나 빠르게 계정을 키우고 싶은 사람이라면. 다만 바꾸면 안 된다는 강박에 빠져서 바꿔야 할 때도 바꾸지 못하는 것은 주의하자.

세상은 흑과 백으로 나눠지지 않는다. 실패와 성공, 두 가지로 나뉘지 않는다.

바꾸면 큰일이 일어날 것 같지만 생각보다 큰일이 일어나지 않는다. 내가 올리고 싶은 콘텐츠가 바뀌었다면, 바뀐 방향으로 정말 꾸준히 콘텐츠를 올릴 수 있을 것 같다면 잃는 것을 부풀려 계산하기보다 새로운 주제에 도전하는 용기와 흥미를 느껴 보길 바란다.

SUMMARY

블로그를 비롯한 모든 플랫폼은 하나의 명확한 컨셉을 가진 계정을 좋아한다. 당연히 명확한 컨셉을 가진 계정의 콘텐츠들이 알고리즘으로 인해 먼저 노출될 확률도 높다. 그러니 하나의 뚜렷한 컨셉을 가지는 것을 목표로 하길 바란다.

다만, 내가 지금 하는 이 분야가 나에게 맞지 않는 것 같다고 느껴진다면? 내가 지금 가진 걸 잃어도 괜찮다면?

그렇다면 다른 분야로 과감히 회선을 바꾸는 것도 추천한다.

:8
당신의 실패가
진짜 실패가 아닌 이유

내가 수없이 바꿨던 SNS들, 오랜 기간 콘텐츠 제작에 쏟아온 시간. 그 경험을 실패라고 할 수 있을까? 어떤 기준에서는 실패라 할 수 있을 것 같다. 어떤 사람에게는 쪽팔린 경험이라 할 수도 있을 것 같다. 나는 내 실패를 들키는 게 무서워서 초반에는 지인들이 모르게 시작하는 편이다. 못 하는 걸 들키면 쪽팔리니까.

하지만 지인에게 알리지 않고 시작하는 걸 추천하진 않는다. 오히려 주변 사람들에게 널리 쩌렁쩌렁 알리며 시작하길 바란다. 이 쪽팔린 감정은 내가 극복해야 할 하나의 과제일 뿐, 절대 잘하고 있는 건 아니다. 잘 된 모습으로 나를 증명하고 싶은 마음은 알지만, 사실 증명하지 않았다고 해서 뭐 딱히 달라질 것도 없고 주변 사람들은 크게 신경 쓰지 않는다. 오히려 지인들의 좋아요 하나가 내 콘텐츠의 반응률에 도움이 될 테니까.

어쨌든, 내가 혼자 조용히 시작했다가 혼자 조용히 끝낸 이 경험들은 오히려 실패가 아닌 하나의 자산이 되었다.

다양한 목적과 다양한 방향으로 여러 콘텐츠를 기획하고 채널을 운영하는 과정에서 열심히 공부도 했고, 직접 해보면서 이게 되네, 안되네를 체득할 수 있었고 또한 알고리즘에 대해 더 뼛속 깊이 배울 수 있었다. 당연하게도 마케터라는 나의 본업에도 아주 큰 도움이 되었다.

인생엔 완결이 없다.
이 모든 경험은 내 삶의 자양분이 된다. 그러니 잠깐의 쪽팔림과 실패에 대한 두려움에 매몰되지 말자.

SUMMARY

아주 작은 실패들이 쌓여 내가 되고, 그 실패들이 나의 실력이 된다. 그러니 실패에 대해 두려워하지 말자. 특히 콘텐츠들은, 실패해봤자 밑져야 본전이니까. 어쩌면 그 실패 경험들은 나를 매력 있게 만드는, 나만의 스토리가 될 수 있다.

가장 기억에 남는 실패 경험은 무엇인가? 그리고 그 실패 경험을 지금 생각했을 때 어떤 감정이 드는가?

_____

_____

_____

_____

_____

_____

NAME

PART.3

나만의
독보적인 콘텐츠를
만들 수 있는 방법

:1
나만의 콘텐츠,
어떻게 만들어요?

자신만의 이야기가 없는 사람은 없다. 모든 사람은 삶이라는 영화 속의 주인공이니까. 성공한 다른 사람의 이야기와 비교하자면 내 이야기는 흔한 이야기 중 하나란 생각이 들 수도 있다. 하지만 평범한 이야기는 오히려 읽는 이들의 공감을 살 수 있을 거고, 만약 독특하다면 새로운 세계를 열고 싶은 사람들의 마음을 살 수 있을 것이다. 같은 책을 읽어도 느끼는 바가 다르고, 같은 영화를 봐도 생각하는 건 다 다른 것처럼 각자의 이야기는 비슷할 순 있지만, 온전히 같을 수는 없다. 그렇기에 모두 자신만의 이야기를 콘텐츠로 만들었으면 좋겠다. 나만의 콘텐츠가 가지는 힘을 크게 느꼈던 사람이 바로 나이기에 더욱 이런 확신을 갖게 됐다.

그렇다면, 나만의 콘텐츠를 만들기 위해서 어떻게 해야 할까?

우선은 쓰고 싶은 내용을 글로 옮겨야 한다. 모든 콘텐츠의 기반은 글이니까. 그런데 글로 생각을 옮기는 첫 단계부터, 글을 잘 안 쓰던 사람들에게는 큰 부담이자, 장애물로 느껴질 수밖에 없다. 이렇게 글쓰기를 부담스럽게 생각하시는 분에게 조금이라도 글쓰기가 쉽게 느껴질 수 있도록 글쓰기 과정 4단계를 소개해 본다. 글쓰기라는 큰 이름으로 묶어서 생각하면 부담스럽게만 느껴지지만, 4단계로 쪼개서 생각하면 조금은 가볍게 느껴질지 모른다.

첫 단계는 메모다.
메모 습관을 들이면 글감을 찾기가 쉬워진다. 메모는 거창한 것이 아니다. 그냥 그때그때 생각을 내가 자주 확인할 수 있는 곳에 적어두는 것이다. 단어 하나를 메모해 둬도 좋다. 그 흔적을 남겨두기만 하면 된다. 나는 보통 카카오톡 나와의 채팅방에 짧게 적어두고 이를 노션에 옮겨두는 편이다.

두 번째는 앉아서 쓰는 것이다.
짧게 메모해 둔 글감을 길게 풀어본다. 글감이 있다면 어떻게든 몇 줄은 써질 것이다. 그리고 그 몇 줄을 쓰기 위해서는 일단 앉아야 한다. 글이 이어지지 않는 것 같아도, 주제가 일관되지 않아도 좋다. 영 글이 떠오르지 않는다면, 다른 인풋을 넣어보자. 만약 '인스타그램 팔로워'에 대한 글을 쓰고 싶다면 이미 세상에 나온 수많은 콘텐츠 중 나와 관련된 것을 참고해 보자. 보다가 기억에 남는 구절들은 내 글에 인용을 해보자. 인용을 통해 내 글의 신빙성을 더욱 쉽고 빠르게 높일 수 있다.

물론 출처는 명확히 밝혀야 한다.

세 번째는 버티는 것이다.

글을 쓰기 위해서는 지루함을 견뎌야 한다. 글에 집중이 되지 않을 수도 있다. 그럴 때 나는 구글 타이머를 사용한다. 50분 동안은 다른 건 보지 않고 글만 쓰는 환경을 만든다. 그 시간 동안은 죽이 되든 밥이 되든 그냥 앉아서 글에만 집중하는 것이다. 유명한 소설가들도 하나같이 다 창작의 비법을 "써지는 날에도, 안 써지는 날에도 그냥 자리에 앉아있는 것"이라 했다. 무라카미 하루키는 이렇게 말했다.

"쓸 수 있을 때 많이 써버린다든지 써지지 않을 때는 쉰다든지 하면 규칙이 깨져서 안 됩니다. 타임카드를 찍듯이 정확하게 하루에 20매를 씁니다."   - 무라카미 하루키

여기서 깊이 생각해 보아야 할 것은, 그 어떤 유명하고 능력 있는 작가에게도 글은 어려운 것이라는 거다. 언제든 아이디어가 떠오르면 그에 살을 붙이는 고통의 시간은 필요하다. 하다못해 아마추어 중 아마추어인 우리는? 일단 앉아서 무조건 백지를 채워야 한다.

네 번째는 다시 보기다. 내가 쓴 글은 다시 보면 볼수록 좋다. 물론 간단한 콘텐츠고, 팔로워가 없을 때는 '올리는 습관'에 의의를 두어야 하기에 이 부분을 생략하고 올리는 것도 나쁘지 않다. 처음이라면 언제든 수정해도 된다는 마음으로, 아니면 삭제하고 다시 올리면 된다는 마음으로 글을 올려보자.

나는 나의 업무 이야기를 담은 시리즈인 '주간업무일지'를 쓸 때 이런 과정을 거친

다. 우선 한 주에 하나의 콘텐츠를 올려야 한다는 마음을 먹는다. 그렇게 의식하고 일을 하다 보면 어느새 글감이 떠오른다. 그 글감은 잊히지 않도록 꼭 메모해 둔다. 그 뒤로는 신기하게도 그 소재와 관련된 콘텐츠들이 유독 눈에 띈다. 그런 콘텐츠들을 보면서 든 생각들과 인용하면 좋을 구절을 짧게나마 메모해 둔다. 꼭 내 콘텐츠에 쓰이지 않더라도, 뭔가 쓰일 깜냥이 조금이라도 보인다면 일단 기록은 해둔다. 그리고 앉는다. 초반에는 매주 토요일 업로드를 약속했었다. 토요일 업로드라는 나만의 약속을 정해두니 토요일 저녁만 되면 일단은 의자에 앉게 되었다. 뭐든 그냥 써보고 혹시나 너무 터무니없는 얘기 같다면 다른 콘텐츠를 참고하기도 하고 토막글을 요긴하게 활용했다.

정제 없이 써 내려가다가 읽어본다. 읽다 보면 수정해야 할 부분이 보인다. 글을 다 쓰고 나서 순서를 아예 다 바꾸기도, 제목이 마음에 들지 않아 첫 페이지를 수정하기도 한다. 그렇게 계속 수정을 하며 어느 정도 완성이 됐을 때 게시한다. 누구나 이해하기 쉬운 콘텐츠를 만들고 싶어, 게시 전 마케팅에 전혀 관심이 없는 가까운 지인에게 컨펌을 받기도 했다.

영상과 음성으로 '나만의 콘텐츠'를 만들고자 하는 사람들도 있을 거다. 하지만 영상, 음성 콘텐츠의 기반도 글이기에 나는 '나의 콘텐츠'를 만들고 싶은 사람들이 가져야 할 가장 첫 마인드는 글쓰기에 대한 무서움, 부담감을 없애는 것이라 생각한다. 그런 의미로 나는 필사 모임을 만들었다. 원래 운영하고 싶었던 모임은 '워크에세이 쓰기' 모임이었다. 워크에세이(Work essay)는 내가 만든 단어로, '일에 대한 일기'다. 나는 '마케터 주간업무일지' 시리즈를 나의 워크에세이로 여겼고 이 시리즈 덕분에 수많은 영감 계정 중 후발주자임에도 불구하고 마케터로 퍼스널 브랜딩이 가능했다. 나의 수많은 기회가 이 워크에세이로 생겼다는 사실을 다른 사람들도 알았으면 하는 마음으로 모임을 열고 싶었다. 그런데도 필사 모임을 먼저 시작한 이유는 글쓰기가 어려운 사람들이 많은 것 같아서다. 글쓰기에 대한 두려움을 없애기 위해서는 뭐든지 일단 쓰는 게 먼저라고 생각했고, 글쓰기를 조금은 덜 무겁게 시작할 방법이 필사라고 생각했다.

물론 필사, 인용, 혹은 모방. 모두 주의해야 한다. 그렇지만 모방하지 않고 '0'에서 시작할 수는 없다. '0'인 상태에서는 그 어떤 아웃풋도 나올 수가 없으니까. 유튜브 조승연의 탐구생활에서는 '새로운 INPUT이 없다면? 콘텐츠 가치도 없다!'라고 했다. 그렇기에 인풋은 필수적이다. 특히 작은 글쓰기라도 해보지 않은 사람에게는 많은 글을 보는 것만큼 중요한 건 없다. 필사 모임이라고 해서 엄청나게 특별한 건 없지만, 하루에 한 문장을 공유하면서 그 문장에 맞는 질문을 하나씩 던진다. 모임에 참여하는 분들은 문장을 필사하고, 문장과 함께 공유된 질문에 답변한다.
감사하게도 참여해 주신 분들의 반응이 좋았다.

"'글쓰기 근육'이 붙는 느낌이다."
"비록 완전한 공개는 아니지만, 그래도 필사 모임 안에서라도 내 생각을 오롯이 공유할 수 있어, 내 생각을 공유하는 것에 대한 두려움이 사라지는 것 같다."

이런 리뷰를 받으니 내가 처음 기획했던 모임의 의도가 맞았다는 생각이 들었다. 나도 더더욱 나의 일 이야기를 놓치지 말고 써야지. 그리고 꼭 이런 모임을 만들어야지. 또다시 다짐하게 됐다. 나는 나를 워크 + 에세이스트를 합쳐 '워크에세이스트'라 지칭하고 있다. 일에 관한 이야기를 솔직하게 풀어내는 사람.

여러분도 이 글을 읽으며 나만의 콘텐츠를 만들고 싶다면, 만약 나만의 콘텐츠를 만드는 게 어렵게 느껴진다면 내가 하는 일 이야기로 시작해 보는 것을 추천한다.

SUMMARY

모든 콘텐츠의 기반은 '글'이다. 그래서 글쓰기에 대한 허들을 낮추는 것이 필요하다. 글쓰기는 4단계로 그 단계를 나눌 수 있다. 첫 단계는 메모, 두 번째 단계는 앉아서 쓰기, 세 번째 단계는 지루함을 버티는 것, 네 번째 단계는 다듬기. 이렇게 나눠서 생각하다 보면 글쓰기가 쉬워질 것이다. 혹시나 창작이 어렵게 느껴진다면, 필사로 워밍업을 해 보는 것도 방법이다.

나의 일 경험을 워크에세이로 풀어낸다면, 가장 먼저 쓰고 싶은 글은?

_____

_____

_____

_____

_____

_____

: 2
공개적인 곳에
글을 쓰기 어렵다면?

나의 경험을 하나의 스토리로 풀어내기가 어렵다면, 단순 나열로 시작해 보자. 여태껏 내가 해왔던 일들, 그리고 내가 할 수 있는 것을 공개하는 것만으로도 당장 기회는 1% 그 이상으로 생긴다.

0과 1의 차이는 하늘과 땅 차이다.
1%의 차이를 별것 아닌 거로 여기지 않길 바란다.

그러니 공개된 곳에 글을 쓰는 것만으로도 충분하다. 구독자가 없어도, 지금 당장 봐줄 사람이 없어도 괜찮다. 이게 시작이니까. 중요한 것은 '공개'다. 보이지 않는다면 사람들은 내가 세상에 존재하는지도 알 수 없다. 내가 무슨 일을 하는지 모른다면 무언가를 함께하자는 제안도, 괜찮은 모임에 초대도, 협찬 요청도 받을 수 없다.

지금 이 시대의 가치는 내가 무엇을 하는지 아는 사람이 얼마나 되는지로 계산된다. 팔로워가 많은 사람이 더 많은 돈을 버는 것도 이런 원리다. SNS로 나를 알리고 싶은 생각이 들지만, 어떤 콘텐츠를 만들어야 할지 아직 자신도 없고, 감이 잡히지 않는다면 큐레이션으로 시작하는 것은 어떨까?

좋은 정보를 전달하는 것만으로도 큰 가치가 된다. 얼마 전 나는 드라마 미스터 션샤인을 다시 정주행했다. 드라마를 다시 보니 주인공들이 가장 좋은 정보를 얻기위해 고군분투하는 장면이 유독 인상 깊었다. 혼란스러운 시대 속 누가 권력을 잡고, 누가 죽었는지 등의 상황을 정확히 파악하기 위해 많은 곳에 첩자(?)들을 심어두고, 웃돈을 주며 새로운 정보를 구매했다. 최신의 정보가 돈이 된다는 걸 아는사람들은 정보가 생기면 돈을 더 많이 주는 곳에 정보를 주러 다녔다.

좋은 정보의 힘은 상상 이상으로 크다. 꼭 제품을 생산하지 않아도, 대단한 걸 만들지 않아도 괜찮다. 정보가 흘러넘치는 시대인 요즘은 많은 정보를 아는 것보다더 유용한 정보를 구분하는 능력이 훨씬 중요하게 여겨진다. 사람들은 좋은 정보를 주는 사람을 찾고, 믿을만한 사람을 판별하려 노력한다. 그렇게 유용한 정보를주며 신뢰를 얻다 보면 영향력이 생긴다.

책 <컨버티드>에는 이런 문장이 나온다.

"또래 압력은 학생들 사이에서만 나타나는 게 아니다. 사람들은 자기가 어떻게 행동해야 할지 확신이 서지 않을 때 다른 사람들의 행동을 지침으로 삼는다. 미국인 82%가 어떤 상품을 구매하기 전에 친구나 가족의 의견을 듣는다고 응답한 것도 바로 이 때문이다. 그만큼 마케팅에서 유명 인사의 보증 홍보가 중요하다는 뜻이다." – 책 <컨버티드>

믿을 만한 사람의 의견은 정보가 된다. 정보를 제공하다 보면, 더 귀한 정보를 먼저 제공하는 유료 멤버십을 운영할 수도 있다. 유용한 무료 뉴스레터가 많음에도 어떤 유료 뉴스레터는 흥한다. 모두 신뢰 덕분이다. 내가 믿고 따르는 사람이 만드는 유료 콘텐츠라면 기꺼이 돈을 내서라도 그 정보와 해석을 사고 싶어하는 것이다.

내가 좋아하는 것들의 정보를 모아서 보여주는 것으로 시작해 보자. 운동을 좋아하는 사람이라면, 초보자들이 보면 괜찮은 운동 유튜브 채널을 묶어서 알려줘도 괜찮다. 꼭 사야 할 홈트레이닝 용품을 소개하는 것도 좋다. 아니면 운동할 때 듣기 좋은 오디오북을 추천해 줘도 좋고. 내가 올리고 싶은 컨셉의 키워드들과 다른 키워드들을 엮으면 또 다른 나만의 콘텐츠가 될 수 있다.

SUMMARY

아직 나의 이야기를 공개하는 데 자신이 없다면, 일단은 내가 어떤 사람인지 공개하고 유용한 정보들을 묶어서 큐레이션을 먼저 시작해 보자. 좋은 정보를 전달하는 역할만으로도 충분한 가치가 있다.

내가 좋아하는 주제로, 큐레이션을 한다면? 어떤 것들을 콘텐츠로 만들 수 있을까?

_____

_____

_____

_____

_____

_____

_____

:3
나의 경쟁자를 찾는 것이
기획의 시작이다

나는 마케터로 유명해지고 싶었다. 멋진 마케터분을 SNS에서 쉽게 만날 수 있었기에 이 욕망은 시간이 지날수록 점점 커졌다. SNS 속 멋진 마케터를 동경했지만, 그분들을 보며 초라해지기도 했다. 하지만 그 초라함은 나에게는 원동력이 되었다. 앞서나가는 그들에게 많이 배우고, 나도 언젠간 저렇게 도움이 되는 글을 쓰고 싶다고 다짐했다.

그 다짐처럼 많은 것을 흡수하여 내 일에 적용했다. 그리고 나도 경험을 블로그와 인스타그램에 기록했다. 멋진 마케터들은 어떤 콘텐츠를 올리는지, 그럼 나는 어떤 콘텐츠를 올리고 차별성을 줄지도 끊임없이 분석했다. 이게 바로 기획의 첫 시작이다. 나의 경쟁자는 누구인지 파악하고 그들을 분석하는 것. 그들을 보며 나의 방향점을 잡는 것. 나는 이 경쟁자도 롤모델과 페이스 메이커로 나눠서 생각한다.

롤모델은 말 그대로 나의 꿈에 가까운 사람, 페이스 메이커는 나보다 약간 잘나가는 경쟁자이자 동기부여를 주는 사람을 의미한다.

롤모델은 마치 '유니콘' 같은 존재다. 내가 저렇게 될 수 있을까? 하는 존경심을 주고 목표를 정하는 데 큰 도움이 된다. 하지만 나와 롤모델은 갭이 크기에, 그들을 보며 실천 의지가 생기지는 않는다. 아무리 노력해도 그들을 따라잡을 수는 없을 것 같으니까. 그래서 나는 나만의 페이스 메이커도 함께 찾아 만들어 두었다. 페이스 메이커라는 단어를 썼지만, 사실 내가 일방적으로 선택한 것이기 때문에 그들이 의도하여 내 페이스를 조절해 주진 않는다. 하지만 그들을 따라잡고 싶고, 그들보다 더 빠른 속도로 성장하고 싶다는 마음으로 홀로 설정한 탓에 나는 보다 큰 열정을 가질 수 있었다.

페이스 메이커를 통한 긍정적인 동기부여를 위해 빅셀이란 사이트를 자주 이용한다. 빅셀 사이트에서 경쟁사에 내 페이스 메이커 두 계정을 등록해 뒀다. 성장 속도가 비슷하고, 나보다는 조금 더 앞서나간 사람이어야 더 자극받을 수 있기에 나의 속도가 더 빨라졌을 때나, 아니면 상대가 범접할 수 없이 빠르게 달릴 경우 페이스 메이커를 바꾸기도 했다.

롤모델과 페이스 메이커.

백지에서 막연히 '하고 싶다'라는 생각만 하는 분께는 이런 벤치마킹 계정을 꼭 먼저 정해두라고 말씀드린다. 초반에는 감이 없으므로 그들이 어떻게 앞서나가게 됐는지를 분석하면서 나에게 적용할 수 있는 부분을 찾을 수 있다. 그리고 분석하는 과정에서 나는 그들과는 어떤 차별점을 가질 것인가도 생각해 볼 수 있다.

그들의 콘텐츠 중 가장 '떡상'한 콘텐츠는 무엇일까를 분석했다.

SUMMARY

롤모델과 페이스메이커를 정해두어, 나만의 선의의 경쟁을 펼쳐보자. 롤모델은 나의 최종 목표에 대한 꿈을 심어주고, 페이스메이커는 현재 내가 할 수 있는 일을 명확하게 만들어 준다. 빅셜이라는 사이트에 나와 성장 속도가 비슷하지만 조금 앞서 나가고 있는 페이스메이커 두 곳을 입력하여 콘텐츠 제작의 속도를 높이자.

나의 롤모델은 누구일까? _____

나의 페이스메이커는 누구일까? _____

:4
지치지 않고
콘텐츠를 만드는 법

첫 콘텐츠를 기획하는 일은 설렌다. 하지만 그 설렘은 생각보다 빨리 사라진다. 설렘은 짧고 지루함은 길다. 더 이상 만들 콘텐츠는 없는 것만 같다. 이후 끝없는 지루함을 견디며 하루의 루틴에 콘텐츠 만들기를 넣어야 하고 이것을 반복해야 한다. 그런 의미에서 시리즈 콘텐츠를 기획해 보는 것을 추천한다.

지치지 않고, 꾸준히 콘텐츠 루틴을 만드는데 시리즈 콘텐츠는 충분한 도움이 된다. 게다가 시리즈 콘텐츠는 재방문율도 높여준다. 시리즈 콘텐츠가 있다면 내 계정을 처음 본 사람도 5초 안에 "이 계정은 이런 콘텐츠를 올리는 계정이구나!" 를 파악할 수 있기 때문이다. 그리고 '이 계정은 앞으로 이런 콘텐츠를 올리겠구나'하며 생기는 기대감은 곧장 팔로우로 연결된다.

팔로워들이 내 콘텐츠를 기억하고 부를 수 있도록 시리즈 콘텐츠에 이름을 지어주는 것도 하나의 방법이다. 콘텐츠 이름 짓기의 중요성은 다른 브랜드의 예시를 봐도 알 수 있다. 배스킨라빈스는 매월 31일, 31데이를 만들어 사이즈업 행사를 한다. 사이즈업 행사라고 해도 되지만, 31데이라는 이름을 통해 고객은 '31일마다' 사이즈업을 한다는 것을 인지할 수 있다. 배송 서비스 이름에 쿠팡은 로켓배송을, 마켓컬리는 샛별 배송이라는 이름을 쓴다. 사실 그냥 당일배송이나 신선 배송이라는 이름을 써도 되지만 이 이름이 브랜드의 이미지를 만들고 배송 이름을 듣는 것만으로도 압도적으로 빠르다는 느낌을 받을 수 있다.

이렇게 잘 지은 이름들은 팔로워의 기억에 각인된다. 기억에 남는 것은 중요하다. 이것은 우리가 브랜드가 될 확률이 높아진다는 것이니까.

시리즈 콘텐츠를 만들고 그 이름을 지어서 해시태그를 써보자. 기억하기 쉬운 시리즈의 이름은 나의 글을 찾기도 쉬워지고, 다른 사람에게 소개하기도 쉬워진다. 이 외에도 시리즈 콘텐츠를 추천하는 이유는 더 있지만, 이 부분은 다음 챕터에서 더 자세히 다뤄보도록 하겠다.

SUMMARY

콘텐츠를 만든다는 것은, 어쩌면 즐겁게 느껴지지만 처음 새로운 것을 기획할 때의 즐거움은 잠깐이다. 콘텐츠 제작을 반복해야 한다는 것은 어쩌면 고통으로 느낄 수도 있다.

이를 쉽게 만들고, 또 처음 우리 계정에 들어온 사람들에게 우리 계정을 소개하기 위한 목적으로 '시리즈 콘텐츠'를 만드는 것을 추천한다. 시리즈 콘텐츠를 만들고, 이름을 붙여준다면 사람들은 우리 콘텐츠를 더 오래 기억할 수 있다.

내가 시리즈 콘텐츠를 만든다면, 어떻게 설명할 수 있을까? 그리고 어떤 이름을 붙여줄 수 있을까?

_____

_____

_____

_____

:5
엉성함은
당신의 또 다른 매력

완벽주의가 아닌 완성주의, 과정을 보여주는 것만으로도 팬이 된다는 말. 다양한 책과 콘텐츠에서 이제는 '과정'을 보여주는 게 중요하다고들 한다. 책 <프로세스 이코노미>는 과정을 공유하는 것의 힘을 집중적으로 조명한다. 결과보다 과정이 중요하다는 말을 이렇게나 많이 하는데, 우리는 왜 완벽하지 않은 과정을 공개하지 못할까?

나 또한 아직도 나의 완벽하지 않은, 찌질한 과정을 보여주기를 주저할 때가 많다. 가끔은 콘텐츠 하나를 만드는 시간보다 공유 버튼을 누르기까지 시간이 더 오래 걸릴 때도 있다. 그렇게 업로드를 미루고 미루다가 결국은 공개하지 못한 것도 있다. 반응이 없을까 봐, 아니면 혹시나 진짜 부족한 나의 모습을 알고 누군가 부정적으로 바라볼까 봐. 하지만 이런 마음이 든 콘텐츠는 늘 더 많은 공감과 응원을 받았고, 이 공감들은 콘텐츠 제작에 더 큰 원동력이 되었다.

앞 장에서 롤모델과 페이스메이커를 분석하며 계정을 기획했다고 말했었는데, 그들의 계정을 분석하며 차별점에 대해 더 깊게 고민했다. 내가 마케터 및 영감 계정을 시작했을 때 대부분의 유사한 계정들은 유용한 정보들을 큐레이션 해서 전달하는 역할을 했다. 주로 내가 주의 깊게 본 광고, 오늘 본 글 중 유익했던 것들, 최근 마케팅 뉴스를 모아서 전달하는 식으로 말이다.

많은 영감 계정과 나의 차별점은 현직 마케터라는 부분이었다. 작은 기업에서 넓게 일을 해 온 올라운더 마케터이자, 9년 차 블로거, 여러 부업을 해봤던 경험 모두 나의 차별점이라 생각했다. 영감 계정을 운영하시는 분들은 주니어 마케터거나, 예비 마케터분들이 많았기 때문에 나는 이런 부분에 초점을 맞춰 오히려 이분들을 나의 타겟으로 생각했다. 그래서 유익했던 콘텐츠나, 책 등을 소개하는 콘텐츠에도 아래 설명 문구에는 콘텐츠에 대한 나만의 해석을 꼭 덧붙였다. 같은 콘텐츠라 하더라도, 내가 어떤 해석을 덧붙이느냐에 따라 콘텐츠의 해석은 완전히 달라질 수 있기 때문이다. 또한 손글씨와 파스텔톤의 콘텐츠로 친근한 언니 같은 느낌이 나도록 디자인했다.

그 후 오리지널 콘텐츠인 '주간업무일지'를 업로드하기 시작했다. 주간업무일지는 일을 나의 관점으로 바라보고 회고하고 싶어서 시작했었다. 블로그에 올리다가 인스타그램에 올려야겠다는 마음을 먹었는데, 인스타그램에 올리기 전 굉장히 떨린 것도 사실이다. 블로그와 인스타그램 채널 차이가 확연했기 때문이다.

블로그는 이웃 신청을 했다고 해서 나의 글이 무조건 노출이 되진 않는다. 이웃이라 하더라도 보고 싶은 글만 클릭해서 볼 수 있다. 게다가 블로그에 올렸던 주간업무일지 콘텐츠는 검색 유입이 많지 않은 콘텐츠이기에 관심 있는 사람들에게만 노출시킬 수 있다는 점에서 내 생각을 공유하는 것에 대한 두려움이 크진 않았다.

하지만 인스타그램은 다르다. 팔로우한 사람들에게는 실시간으로 노출이 되고, 그들이 원하지 않는 콘텐츠라 할지라도 강제로 볼 수밖에 없다. 게다가 팔로우하지 않은 사람에게도 콘텐츠가 노출된다. 그 사실이 두렵기도 하지만, 블로그보다 한 번에 잘 될 가능성도 높고, 더 많은 사람에게 노출이 될 확률도 높다.

내 생각을 담은 글을 쓰는 것은 참 두려운 일이다. 하지만 이 두려움만 극복하면 훨씬 큰 것을 얻을지도 모른다.

High Risk High Return은 투자에만 해당되는 게 아니었다. 지금 내 계정을 '랜선 사수'와 비슷하게 생각해 주시는 분들이 많아지는 계기도, 내 생각을 솔직하게 전달한 콘텐츠 덕분이라 생각해 본다.

"정보 큐레이션이나 최신 소식 말고, '내 생각'을 전달해 보는 연습을 해보세요. 브랜딩의 시작점일지도 모릅니다. 내 생각을 이야기한다는 것은 누군가의 비아냥을 들을 가능성

이 존재한다는 뜻입니다. 팩트 그 자체를 이야기하면 나는 안전합니다. 내 생각을 용기 내서 입 밖으로 꺼내는 순간, 내 의견에 동조하는 이와 반대하는 이가 생겨납니다. 동조하는 이들의 존재에 과하게 흥분하지 말고, 반대하는 이들의 존재에 과하게 분노하지 않는 연습을 해나가세요."
— 촉촉한 마케터님의 블로그

물론, 가끔은 나와 의견이 다른 댓글도 달린다. 어떤 콘텐츠는 장문의 댓글들로 동의 vs 비동의의 설전이 일어나기도 했었다. 처음에는 긍정적이지 않은 반응을 보면 심장이 뛰고 어려웠지만, 오히려 나의 글이 이런저런 논쟁거리를 주며 긍정적인 토론 공간이 될 수 있다는 점에 감사하다.

나는 내 글에서 나를 전문가라 칭한 적이 없다. 그럼에도 불구하고 나의 콘텐츠를 보고 마케팅을 의뢰해 주시는 클라이언트들이 생겼다. 나의 일을 솔직히 기록하기만 했을 뿐인데 말이다. 과정을 기록하는 건 포트폴리오가 된다. 그 과정이 멋있지 않아도, 공개가 된다면 어떻게든 새로운 기회로 연결이 된다.

SUMMARY

큐레이션도 당연히 좋지만, 나만의 차별점은 늘 있어야 한다. 무플보다 악플이란 말이 있듯, 콘텐츠 세상에서는 묻히는 것이 가장 아찔한 일이다. 나는 아직 이런 글을 쓸 정도로 전문가가 아닌데? 라는 물음은 갖지 말자. 꼭 전문적이지 않아도 괜찮다. 지금 나의 상황에서 쓸 수 있는 글을 쓰자. 과정을 보여주는 것만으로도 기회가 생긴다.

나의 차별점은 무엇일까? 사람들은 내 콘텐츠를 왜 구독해야 할까?

_____

_____

_____

_____

_____

_____

:6
나의 단점을
반드시 숨겨야 할까?

한 사람의 분위기는 단순히 얼굴이 잘생기고 예쁘다고 해서 형성되지 않는다. 그 사람만의 옷차림, 자세, 물건, 향 등 복합적인 부분들이 합쳐져 분위기가 만들어진다.

온라인에서 퍼스널 브랜딩을 한다는 건 한 사람을 눈코입 생김새만으로 표현한다는 것이다. 화장법, 옷차림, 말투, 향기 없이 화면 속 글과 이미지, 영상으로 나를 보여주는 것이기 때문이다. 오프라인과 다르게 온라인에서는 너무나 성형수술이 쉽다. 실제 내 모습과 다르게 나의 모습을 180도 다르게 바꿀 수도 있다. 이처럼 온라인으로 퍼스널 브랜딩을 한다는 건 진짜 나를 보여주지 않아도 된다는 의미기도 하다. 내가 보여주고 싶은 모습만 보여줄 수 있다. 과장하기도 쉽다. 사람들을 쉽게 혹하게 만들 수도 있다. 그렇기에 온라인상에 예쁜 사람이 그토록 많고, 능력 있는 사람도 많고, 전문가도 많고, 돈 잘 버는 사람도 많은 것이다. 누구나, 다른 사람의 콘텐츠를 약간만 틀어서 나의 것인 것처럼 속일 수 있다. 하지만 나는 단점을 보여주는 걸 주저하지 않았으면 좋겠다는 말을 하고 싶다. 단점을 보여주지 않는 세계에서, 단점을 보여주는 것이 오히려 차별화가 되기 때문이다.

다들 "나 이렇게 잘나가"만을 강조할 때, 단점은 오히려 나만의 매력이 되고, 차별점이 될 수 있다. 그렇다고 무작정 또 단점만을 보여주란 뜻은 아니다. 왜, 우리가 실제로 어떤 사람을 처음 만났는데 그 사람이 자신의 단점만 끊임없이 말한다면 단점이 하나의 필터가 되어, 사람을 판단할 수밖에 없기 때문이다.

단점을 말하라는 의미는 내 단점이 뭔지를 정확히 파악하고, 이를 어떻게 나의 장점으로 극복했는가를 표현하라는 의미다. 사람들은 위기를 극복한 사람의 스토리를 좋아한다. 소설이 발단 - 전개 - 위기 - 절정 - 결말로 구성되는 것처럼, 사람들이 좋아하는 이야기 전개 방식은 이런 단점과 어려움이 있었지만, 이를 극복하고 이렇게 성장했다는 결말이다.

온라인에서는 그 누구도 나를 모르기에, 처음부터 끝까지 내가 아닌 다른 사람의 모습으로 콘텐츠를 만들 수 있다. 하지만 과장이 있더라도 실제 나의 모습을 기반으로 활동하시길 바란다. 온라인에서 실제 나와 너무 다른 자아를 만들어서 활동한다면 불편하고, 오래 가기 어렵다.

보이고 싶은 부분만 편집해서 보여주는 것을 부정하는 것은 아니다. 하지만 그 모습이 진짜가 아니라면, 결국 그렇게 나를 꾸며서 기회가 주어진다고 하더라도 그 기회는 물거품처럼 사라진다.

왜? 그건 내가 아니고, 실제의 나는 그런 능력을 갖추고 있지 않으니까.

모든 것을 이루기까지는 오랜 시간이 걸린다. 우아한 백조처럼 보이는 사람도 물 아래의 보이지 않는 발은 늘 바쁘게 움직이고 있다. 그 모습은 인정하지 않으면서 무언갈 빠르게 얻고 싶다고 다른 사람을 속이고 나까지 속이는 일은 하지 않길 바란다.

SUMMARY

온라인으로 콘텐츠를 만들고, 퍼스널 브랜딩을 한다는 건 나의 장점을 과장할 수도, 나의 단점을 철저히 숨길 수도 있다는 의미기도 하다. 사실 장점만 드러내는 게 좋은지, 단점을 모두 숨기는 게 좋은지에 대한 정답은 없다.

모두가 장점을 강조하기 때문에, 오히려 단점을 이야기하는 건 나만의 차별점이 될 수 있다. 단, 장점을 이야기할 때는 없는 장점을 있는 것처럼 말하진 말자. 편안하고, 오래가기 위해서는 나의 실제 장점을 기반으로 적극 PR을 해야 한다.

:7
한 끗 차이가
성장을 바꾼다

오늘 하루에도 엄청난 양의 콘텐츠가 쏟아지고 있다. 좋은 콘텐츠도 분명 많지만, 홍수 속에 마실 물 없다고, 볼 가치도 없는 콘텐츠 또한 넘쳐난다. 이렇게 넘쳐나는 글들 속에 우리는 중심을 잡지 못하고 이리저리 휩쓸리고 있다. 많은 것을 보지만 정작 기억에 남는 한 문장도 찾지 못한다. 시대가 이런 만큼, 콘텐츠 제작자로서 많은 콘텐츠 사이에서 어떻게 선택받을 것인가를 생각해야 한다.

"내 콘텐츠와 다른 콘텐츠의 차이점은 무엇일까? 내 콘텐츠를 볼 가치가 있을까?" 이 물음을 끊임없이 던지며 나만의 답을 찾아야 한다.

비슷한 콘셉트가 아무리 많더라도, 같은 메시지를 전달하는 계정이 아무리 많다하더라도 자기만의 한 끗 차이가 있어야 한다. 그 차이가 매우 작게 느껴질지라도, 그 미세한 차이는 나를 다른 콘텐츠와 구분할 수 있게 만들어 준다.

회사에서 프랜차이즈 가맹점 모집 온라인 마케팅을 맡게 됐을 때였다(당시 나는 홈페이지부터 보완해야겠다는 생각으로 타사 홈페이지들을 분석했다). 프랜차이즈 홈페이지에 들어가 본 사람이라면 알겠지만, 홈페이지 입구부터 몹시 자극적이고 화려하다. 모니터를 모두 가릴 정도로 많은 양의 팝업, 반짝반짝 화려한 색과 애니메이션 효과들, 엄청난 월 매출과 비상식적으로 적은 창업 비용... 홈페이지에 들어가는 것만으로도 피로해진다.

물론 이렇게 홈페이지를 꾸미는 것은, 가맹점 수를 늘리는 데 영향을 줄 것이다. 그리고 사람들을 혹하게 할 것이다. 하지만 나는 그 홈페이지들을 보며 이렇게는 만들지 않아야겠다고 다짐했다. 피로도 높은 자극적인 숫자가 아닌, 스토리를 중점적으로 승부를 보는 마케팅을 하겠다고 방향을 잡았다. 이는 사실 매출과 창업 비용으로 승부를 보는 것보다 어려운 일이다. 왜냐하면, 숫자로 얘기하는 건 단순하고 직관적이기 때문이다.

그렇지만 모두가 그 방식을 택하고 있다면, 예산이 적은 상태에서는 다른 방향으로 가는 게 돌파구라고 생각했다. 나는 여러 프랜차이즈의 콘텐츠들이 다 똑같아서, 브랜드명만 빼고 보면 다 같은 브랜드에서 만든 홈페이지 같아 보였다.

그래서 화려한 마케팅보다는 오히려 심심한 마케팅을 하기로 결심했다. 그리고 회사를 나와, 프리랜서로 일하면서도 이 심심한 마케팅을 지속했다. 그래서 나의 심심한 마케팅 결과가 어땠냐고? 정체되어 있던 신규 창업 수를 전년 대비 50% 증가하는 결과를 만들었고, 프랜차이즈 사업을 시작한 브랜드는 신규 1호 가맹점 런칭을 필두로 차례로 여러 문의를 받고 있다.

이는 나의 인스타그램 운영 철칙이기도 하다. 나의 계정은 '영감 계정' 중 하나였다. 그래서 나는 영감이라는 단어는 쓰지 않아야겠다고 생각했다. 왜냐하면, 다른 계정들이 많이 쓰는 단어니까.

같은 맥락으로 아이폰 미모티콘도 쓰지 않았다. 미모티콘은 트렌디하고 예쁘고, 이미 많은 사람이 쓰고 있지만 내가 선점하지는 못했기에 다른 계정과의 차별화가 되지 않을 거라 생각했다.

차별화가 어렵게 느껴진다면, 내가 차별화를 위해 해야 할 것을 생각하기보다, '하지 말아야 할 것'을 생각하자.

경쟁사와 경쟁 계정들을 보며 이들이 많이 쓰는 단어는 제하자. 그러면 나의 선택지는 좁아진다. 그리고 이렇게 좁아진 선택지에서 우린 더 나은 선택을 할 수 있다.

SUMMARY

온라인에서 퍼스널 브랜딩을 한다는 것은, 콘텐츠를 만든다는 의미이다. 쏟아질 듯 많은 콘텐츠 중에서 과연 나의 콘텐츠가 선택받아야 할 이유는 뭘까? 내가 열심히 만들어서라는 이유는 아니길 바란다. 수많은 콘텐츠 중 내 글을 읽어야 할 이유, 나만의 콘텐츠가 가지는 차별점은 반드시 있어야 한다. 차별점을 만들기가 어렵다면, 해야 할 것보다 하지 말아야 할 것을 먼저 정해보길 추천한다.

내가 차별점을 만들기 위해 하지 말아야 할 것들

NAME

PART.4

인스타그램
퍼스널브랜딩 시작하기
A to Z

:1
어떤 공간에서
나를 알릴 수 있을까?

퍼스널 브랜딩은 내가 다른 사람에게 기억되고 싶은 키워드를 정하는 것. 그렇기에 그 키워드를 먼저 정하고, 이 키워드를 어떻게 표현해서 보여줄지 고민해야 한다. 그렇다면 어떤 곳에 어떤 콘텐츠를 올려야 나의 키워드를 더 명확하게 만들 수 있을까? 내가 가장 자신 있고 잘할 수 있는 콘텐츠 형식을 정한다면, 어떤 채널을 이용할지도 보다 명확해진다.

아래를 살펴보자.

숏폼 영상: 유튜브 숏츠, 인스타그램 릴스, 틱톡

목소리: 팟캐스트, 유튜브

영상: 유튜브

긴 글: 네이버 블로그, 브런치

카드뉴스 & 툰: 인스타그램, 페이스북

자신에게 잘 맞는 콘텐츠 형태가 무엇인지 파악하고, 그에 맞는 채널을 선택해야한다. 아무리 댄스 챌린지가 흥한다고 해도, 내가 춤을 못 추고 얼굴이 노출되는게 부끄럽다면 억지로 이를 할 필요는 없다. 긴 글이 편안한 사람은 긴 글을, 짧게훅 들어오는 영상을 잘 만든다면 숏폼 영상을 만드는 식으로 틀을 선택하자.

한 채널을 키우는 데는 오랜 시간이 걸린다. 생각만큼 결과가 나오지 않을 수도 있다. 세상의 수많은 콘텐츠들은 빠르게 높은 결과를 이룰 수 있다고 말한다. 뭐든빠르게 이루는 방법을 얘기해야 조회 수가 높게 나오니까, 그런 내용을 다룰 수밖에 없을 테다. 하지만 나는 이 글을 읽는 분들에게 빠른 성장을 기대하지 말라는말을 먼저 하고 싶다.

빠르게 성공한 것처럼 보이는 사람들은, 이미 이전에 많은 경험을 통해 사람들이좋아하는 이야기에 대한 감각이 있거나 혹은 태생적으로 감각을 갖고 있거나, 이미다른 SNS를 가지고 있어서 외부 유입이 가능하거나, 뛰어난 스펙이나 배경을 가지고 있어서 사람들이 궁금해할 만한 요소를 이미 충분히 갖춘 경우가 많다. 0에서부터 시작하지 않았을 확률이 높은 것이다.

퍼스널 브랜딩을 원하는 대부분의 사람들은 하고 싶은 이야기가 많다. 내가 하고 싶은 이야기를 하는 것은 중요하지만, 애석하게도 이야기도 수요가 있어야 콘텐츠 가치가 생긴다. 그렇기에 자신의 수많은 이야기 중 사람들이 찾고 있는 이야기가 뭔지 선별하는 능력과 얼마나 듣고 싶게 각색할 수 있느냐가 중요하다. 내가 하고 싶은 말이 많은 사람들이 듣고 싶어 하는 말이라면, 이때 놀라운 일들이 생긴다.

요약하자면 첫째로는 자신에게 맞는 콘텐츠 플랫폼과 주제를 찾아야 하는 것. 둘째로는 기대한 성장에 미치지 못하더라도 꾸준히 해나가야 한다는 것. 셋째로는 콘텐츠 반응을 살피며 내 이야기가 시장에서 가치가 있는지를 분석하는 것.

혹시나 내 콘텐츠가 가치가 있는 것 같고, 사람들에게 도움이 되는 내용이란 확신이 있다면, 그런데도 성장이 너무 더디다면 다른 방식을 사용해서 노출을 늘릴 수도 있다. 우리 고객이 있는 커뮤니티, 카페 등에 글을 연재해 보는 것이다. 이미 내 타겟들이 모여있는 곳에 글을 쓰면 유입이 훨씬 쉽다. 단, 이를 하기 전에는 채널을 먼저 운영 중이어야 하고 커뮤니티에서의 닉네임과 채널에서의 닉네임이 동일해야 한다. 커뮤니티에서 내 글을 읽고, 유용하게 느꼈다면 인스타그램과 블로그에서 내 콘텐츠를 찾아볼 것이기 때문이다. 커뮤니티 내부에서는 개인 사업으로의 연결, 홍보가 어렵고 홍보의 티가 나면 바로 정지와 퇴장을 당할 수도 있다. 커뮤니티에 글을 써봤는데도 반응이 썩 좋지 않다면 당신의 콘텐츠는 나에게만 중요한 이야기거나, 매력적인 표현으로 바꿀 필요가 있거나, 내가 생각했던 타겟이 맞지 않거나, 글을 쓰기 시작한 카페와 커뮤니티에 실제 활성 멤버가 많지 않은 곳일 수도 있다.

또한, 광고를 집행해서 인위적으로 노출을 높이는 방법도 있다. 노출은 돈을 쓰면

임의로 높일 수 있다. 만약 그렇게 돈을 썼는데도 반응이 시원치 않다면 내 콘텐츠를 처음부터 다시 점검해야 한다는 신호다.

SUMMARY

나의 이야기는 어떤 채널에, 어떤 형식으로 올리면 좋을까?

나에게 잘 맞고 편안한 콘텐츠 형식은 무엇일까?

혹시 내 콘텐츠의 가치에 대해서는 자신이 있는데 반응이 늘지 않아 속상하다면 카페와 커뮤니티에 칼럼 형식으로 글을 작성해 보자.

내 고객들이 머무르는 카페/커뮤니티는 어디일까?

_____

_____

_____

_____

_____

_____

:2
당신이 인스타그램을
해야 하는 이유

앞에서 퍼스널 브랜딩에 활용할 수 있는 다양한 온라인 채널을 소개했다. 많은 채널이 있지만, 그중에서 나는 인스타그램을 강력 추천한다. 인스타그램은 많은 사람이 자주 쓰는 앱이기도 하고 무엇보다 가장 편하고 시간 투자를 덜 해도 되는 채널이기 때문이다.

한 채널이 성장하는 데 많은 시간이 든다는 문장의 의미는, 다르게 말하면 채널을 성장시키는 동안은 돈을 벌 수 없다는 의미기도 하다. 돈은 생존과 직결된 문제다. 어쩌면 가장 중요한 요소일지 모른다. 그러니 아무것도 시작하지 않은 상태로 '나도 유튜버가 돼야지!' '나도 인스타그램으로 돈을 벌어야지!'라는 마음만으로 덜컥 퇴사하진 않길 바란다.

소셜미디어를 처음 시작할 때는 부업이나 취미로 시작해야만 한다. 그리고 부업으로 꾸준히 콘텐츠 게시를 지속할 수 있으려면 당연히 콘텐츠 제작에 드는 시간도 고려해야만 한다.

본업이 있는 상태에서 하나의 채널을 운영하는 것은 더욱 힘들다. 본업에 약속, 운동, 취미생활을 하려면 절대적으로 시간이 부족하다. 게다가 이미 많은 에너지를 본업에 소진하고 퇴근하기 때문에 새로운 일을 할 에너지가 남아 있지 않은 경우가 많다. 그렇기 때문에 그 중 가장 시간 투자를 덜 해도 되는 인스타그램을 추천하는 것이다.

물론, 어떤 사람에게는 인스타그램이 더 많은 힘을 쏟아야 하는 채널일 수도 있다. 앞에서 말했던 것처럼, 각자에게 맞는 옷을 찾아야 하는 이유기도 하다. 하지만 객관적으로 봤을 때 인스타그램은 블로그에 비해 글의 길이가 훨씬 짧고, 유튜브에 올릴 영상 편집에 비하면 품이 훨씬 덜 들어간다. 정말 힘 빼고 가볍게 운영해야겠다고 생각하면 하루에 20분이면 인스타그램에 게시글을 올릴 수도 있으니까.

그래서 다음 장에서부터 인스타그램이라는 채널을 어떻게 활용할 수 있는지 말해보려 한다.

S U M M A R Y

많은 온라인 채널 중 인스타그램을 추천하는 이유는 '지속 가능성' 때문이다. 하나의 채널을 성장시키는 데까지는 생각보다 오랜 시간이 걸릴 수 있고, 그 시간 동안은 채널만으로는 생계유지가 어렵다. 그렇기에 반드시 본업을 하면서 콘텐츠를 만들어야만 한다.

인스타그램이 다른 채널에 비해서는 그나마 콘텐츠 제작 공수가 덜 들기 때문에 본업이 있는 분들께 추천한다.

:3
인스타그램을
200% 활용하려면?

만약 퍼스널 브랜딩 목적으로 인스타그램을 활용해야겠다고 마음먹었다면 지금부터 이 글을 잘 읽어주길 바란다. 지피지기면 백전백승이란 말처럼, SNS에서 내 계정을 키우기 위해서는 SNS의 성장 공식을 아는 것이 좋다.

그렇다면 인스타그램은 어떻게 움직일까? 인스타그램은 메타라는 회사에서 운영하는 소셜 미디어다. 회사를 운영하는 데는 인건비, 사무실 임대료, 서버비를 비롯한 다양한 비용이 든다. 이 비용을 메꾸기 위해서는 꾸준히 수익을 내야 한다.

그렇다면 인스타그램은 어떻게 수익을 낼까? 인스타그램은 광고로 돈을 버는 회사다. 크고 작은 광고주들이 인스타그램에 광고비를 쓰면, 인스타그램은 그 광고 수익으로 직원들 월급도 주고, 회사를 운영할 수 있다.

그렇기 때문에 인스타그램은 광고주를 많이 모으는 것이 중요하다. 많은 광고주를 모으기 위해서는? 인스타그램이 다른 광고 채널보다 광고하기 좋은 곳이라는 것을 광고주들에게 알려야 한다. 광고하기 좋은 곳으로 알려지려면? 인스타그램은 이렇게 많은 사람이 쓰는 앱이고, 사람들이 매일 몇 번씩 켜는 앱이고, 오랫동안 보는 앱이어야 한다는 걸 알려야 한다.

그래서, 인스타그램은 사람들이 한 번 들어오면 오래 머무르게 하기 위한 방향으로 알고리즘을 만들고, 더 많은 사람을 꾸준히 인스타그램 안에 가둬두기 위해 유용한 콘텐츠를 먼저 노출되게끔 알고리즘을 끊임없이 수정한다.

그렇다면 인스타그램 알고리즘에 맞게 계정을 성장시키려면 어떻게 해야 할까?

인스타그램은 사람들이 궁금해하는 주제를 올리는 계정, 사람들이 한 번 들어가면 오래 머무르는 계정처럼 사람들이 좋아하는 계정을 먼저 노출 시켜준다. 이렇게 사람들이 좋아하는 글을 먼저 보여줘야, 사람들이 더 오래 인스타그램 글을 읽고 더 오래 인스타그램에 머물 테니까. 핵심은 인스타그램 계정에 사람들이 오래 머무르고 싶게 만들어야 한다는 것이다. 그렇다면 오래 머무르게 만들기 위해서는 어떤 콘텐츠를 올려야 할까?

역으로 생각해 보자. 우리는 어떤 콘텐츠를 읽는지.

재밌거나, 유용하거나, 새롭거나, 귀엽거나, 공감되거나, 유익하다는 등 어떤 감정을 불러일으키면서 비슷한 콘텐츠를 계속 읽고 싶다는 마음이 생기는 콘텐츠에 우리는 머문다. 당신의 콘텐츠도 어떤 특정한 감정을 전달해야 한다.

해시태그, 알고리즘. 우리는 자꾸 어떤 기술을 알아야만 빨리 성장할 수 있을 거라 생각한다. 반은 맞고 반은 틀렸다. 결국, 중요한 것은 내 콘텐츠를 계속 읽고 싶은 사람이 있는가, 없는가다. 이게 없다면 해시태그를 잘 쓰고, 알고리즘을 잘 안다고 해서 달라지는 것은 없다. 퍼스널 브랜딩은 속도보다 방향이다. 내가 하고 싶은 이야기를 사람들이 보고 싶게 만들고 이 이야기를 통해 '어떤 키워드'가 떠오르게 만드는 힘. 사실은 이게 전부. 이게 된다면, 인스타그램에서 내 콘텐츠를 노출 시켜주지 않을 이유가 없다. 왜? 사람들을 인스타그램에 가둬두고, 오래오래 머무르고 싶게 만들어 주니까. 그렇기 때문에 나의 콘텐츠가 어떤 감정을 일으키고, 가치를 줄 수 있을지를 먼저 고려해 봐야 한다.

팔로워 0명, 게시글 0개. 이제 갓 계정을 만들었다고 가정하자. 앞에서 말했던 것처럼 인스타그램은 사람들이 오래 읽고, 오래 머무르고, 좋아한다고 판단한 계정의 글을 더 많은 사람에게 노출 시켜준다. 하지만 이제 시작한 계정은 인스타그램 알고리즘이 판단할 수 있는 기준이 없다. 그래서 우선은 어떤 게시글이든 올려야 한다. 하지만 팔로워가 0명이라면 내가 글을 게시한다고 해도 많은 사람들에게 노출이 되지 않는다. 그래서 초반에는 한 명에게라도 더 노출되기 위해 보다 적극적인 노력이 필요하다.

해시태그를 신경 써서 조금 더 노출 확률을 높이고, 나와 비슷한 주제를 가진 계정들을 찾아 좋아요, 댓글도 달고 팔로우도 하며 소통을 하여 조금이라도 나를 더 노출 시켜야 한다.

인스타그램의 초반 목표는 콘텐츠가 주는 가치와 감정을 생각하며, 조금이라도 노출을 더 시키는 것. 빠른 성장보다는 탄탄한 성장을 위해 내가 보이고 싶은 키워드를 늘 염두에 두고 운영해야 한다는 것. 이 사실을 기억하며 소셜미디어의 원리와 문법을 배우자.

SUMMARY

인스타그램으로 퍼스널 브랜딩을 할 예정이라면 인스타그램의 운영 원리를 알아야 한다. 이제 처음 만든 계정은 당연히 반응도 없고 노출도 잘되지 않는다. 그렇기에 우리 콘텐츠는 사람들이 좋아하는 콘텐츠라는 것을 인스타그램에 알려줘야 한다. 이를 알려주기 위해서는 어떻게든 조금이라도 더 많은 사람에게 콘텐츠가 노출되어야 하고 노출된 이후에 반응을 받아야 한다. 그래서 초반에는 해시태그도 신경 써야 하고, 소통도 해야 하는 것이다.

:4
효율성을 100배 상승시키는
퍼스널 브랜딩 체크리스트

인스타그램으로 퍼스널 브랜딩을 하고 싶거나, 하고 있는 사람들을 위해 자가 진단 체크리스트를 만들어 보았다. 아래 체크리스트를 읽으며, 나의 콘텐츠에는 과연 '나다움'이 드러나는지, 어떤 부분을 보완하면 좋을지 다방면으로 생각해 보자.

1. 이미지/영상

인스타그램 콘텐츠 요소 중 가장 중요하다고 말해도 과언이 아닌 '이미지와 영상'. 이미지와 영상은 인스타그램 피드에서 가장 넓은 면적을 차지하고 있고, 심지어 해시태그 검색창과 탐색 창에는 이미지와 영상의 첫 장만 보이기 때문에 제일 중요한 요소다. 이미지와 영상 콘텐츠를 디자인하고, 기획할 때는 크게 두 가지 요소를 고려해야 한다.

첫 번째 요소는 주목성.

인스타그램에 콘텐츠를 올린다고 해서 무조건 노출이 되는 것은 아니다. 비 팔로워들에게 당연한 얘기이고, 심지어 팔로워들에게도 모두 노출이 되지 않는다. 하지만 인스타그램이 성장하려면 팔로워와 비팔로워 모두에게 콘텐츠가 노출되어야 한다. 특히 비팔로워에게 콘텐츠가 노출되어야 팔로워가 늘어날 수 있다.

비팔로워들에게 콘텐츠가 노출되는 곳은 탐색 탭(돋보기 탭)과 해시태그 지면이 있다. 하지만 이 노출은 우리가 노출되고 싶다고 해서 마음대로 결정할 수 있는 부분이 아니다. 우리가 아무리 멋진 콘텐츠를 만든다고 해도 인스타그램이 노출해 주지 않을 수도 있기 때문이다. 그래서 우리는 우리가 통제할 수 있는 주목성을 높이는 데 초점을 맞춰 '디자인', '후킹 문구'를 신경 써야만 한다.

그중에서도 콘텐츠의 첫 장에 가장 많은 신경을 써야 하는데 그 이유는, 조금이라도 노출이 됐을 때 클릭률이 높아야 더 많은 사람에게 노출 시켜주기 때문이다. 탐색 탭과 해시태그 노출 화면을 보면 한 화면에 약 12개 정도의 콘텐츠가 함께 노출된다. 이 12개의 콘텐츠 중 클릭을 받고, 사람들에게 읽히는 콘텐츠가 되어야 인스타그램은 '이 콘텐츠가 사람들이 좋아하는 주제'라 생각해서 더 많은 사람에게 노출시킨다. 그렇기 때문에 클릭률을 높일 수 있도록 첫 장을 신경 써야 한다.

첫 장의 주목도를 높인다고 무작정 글자 크기만 키우는 게 능사는 아니다. 꼭 글자가 없더라도 예쁜 사진, 먹음직스러운 음식 사진, 감성적인 풍경 사진이 주목도가 높을 때도 있기 때문이다. 하지만 만약 글자를 넣는다면, 누구나 이해할 수 있는 쉬운 문장이면서도 글 한 줄로 사람을 끌어당기는 매력이 있는 문장이어야 한다.

두 번째 요소인 독창성.

이미지나 영상의 색감, 폰트 등의 디자인을 통해 우리만의 색을 만들어야 한다. 콘텐츠 하나만 봐도 '나다움'이 드러난다면 베스트다. 주제, 내용, 퀄리티도 중요하지만 언제 어디서 봐도 이 콘텐츠는 나 같다는 느낌을 주어야 한다. 많은 브랜드가 돈을 들여 폰트를 개발하는 이유도 이 때문이다.

나의 경우에는, 콘텐츠의 색상과 손글씨를 사용하여 독창성을 주었다. 콘텐츠 색을 분홍색, 주황색, 보라색과 흰색/검은색만 사용해서 일관성을 주었고, 다른 정보성 계정이 많이 쓰는 색이 아니다 보니 독창성을 줄 수 있었다. 이에 검정 테두리를 그어 주목도를 높였다. 또한 손글씨를 사용해 누구도 따라 할 수 없는 콘텐츠를 만들었다. 이런 부분들이 합쳐져 탐색 탭에 내 콘텐츠가 보이면, 멀리서 봐도 나라는 것을 알아볼 수 있었다. 이렇듯, 콘텐츠를 만들 때는 주목도와 독창성을 반드시 고려해야 한다.

2. 말투

이미지/영상에 비하면 그 중요성이 좀 더 낮게 보이지만, 그럼에도 불구하고 콘텐츠의 '설명 문구'를 어떻게 쓰느냐는 정말 중요하다. 만약 카드 뉴스/인스타툰 형태의 콘텐츠를 만든다면 이미지 내에도 글이 들어간다. 전체 콘텐츠에 나타나는 말투를 어떻게 쓰느냐에 따라 이미지는 달라진다.

반말로 동생들과 대화하는 말투를 쓴다면 '친절한', '가까운' '편안한' 느낌을, 혼잣말하는 듯한 말투라면 '치열하게 고민하는' 느낌을 준다. 이모티콘을 쓰지 않고 맞춤법을 철저히 지키고 확실한 어투로 이야기하는 사람이라면 '날카로운 전문가'로 포지셔닝이 가능하다. 반대로 적재적소에 딱 맞는 이모티콘을 사용한다면 그것만으로도 센스 있는 사람으로 보일 수 있다. 물결이나 반점을 많이 사용하는 재밌는 말투를 사용한다면 '재밌고, 유머러스한' 이미지를 줄 수 있다. 말투도 분위기를 만드는 데 큰 영향을 끼친다. 나는 어떤 분위기를 갖고 싶은가? 쉽게 다가올 수 있는, 유머러스한 사람으로 나의 이미지를 만들고 싶다면 조금은 색다른 말투를 도전해 봐도 좋다.

3. 음악

인스타그램 게시글과 스토리에 음악을 추가할 수 있다. 앞의 이미지/영상이나, 말투보다는 영향력이 약하겠지만 음악도 분위기를 만드는 데 영향을 미친다.

나만의 테마곡을 만들어 보는 건 어떨까. 이 노래만 들으면 내가 떠오를 수 있게, 마치 주입식 교육처럼 모든 게시글에 하나의 곡을 넣어두는 것이다. 그러면 노래로도 나다움을 나타낼 수 있다.

음악 취향이 독특하다면 독특한 음악을 계속 넣어 나의 이미지를 만들 수도 있다. 감각적인 노래를 많이 알고 이를 게시글에 추가해 둔다면 '아 이 사람은 감각이 있구나'라는 이미지를 만들 수 있으며 '다양한 음악에 관심이 많은 사람이구나'라는 이미지를 만들 수도 있다.

4. 외부 채널 연결

여러 채널을 가지고 있다면 프로필 링크 기능을 활용할 수 있다. 인스타그램은 게시글 내 링크 활성화가 되지 않아 자연스럽게 링크를 연결할 수 있는 곳이 프로필 링크밖에 없다. 프로필 내부에 몇 개의 링크를 넣어도 되지만 리틀리, 링크트리 같은 링크를 모아주는 서비스를 이용하여 나의 다양한 채널을 한 번에 묶어서 노출시킬 것을 추천한다.

나는 리틀리로 블로그 링크와 유튜브 링크, 강의 플랫폼, 노션 포트폴리오 링크를 넣어두었다. 내가 연결해 둔 외부 채널을 통해 새로운 제안 거리가 떠오를 수도, 나와 좀 더 가까워진 느낌을 줄 수도 있다.

SUMMARY

나의 인스타그램 콘텐츠는 과연 어떨까?

4가지 체크리스트를 잘 활용하고 있는지 돌아보자.

1) 이미지, 영상

    ⓐ 주목도: _____

    ⓑ 독창성: _____

2) 말투: _____

3) 음악: _____

4) 외부 채널 연결: _____

:5
매력적인 이야기를 만들기 위해
필요한 능력 두 가지

온라인에서 퍼스널 브랜딩을 한다는 것은 콘텐츠로 나의 이미지를 만든다는 것을 뜻한다. 내가 만든 콘텐츠가 나의 이미지와 매력을 만든다. 그렇다면 보다 매력적인 퍼스널 브랜딩을 위해 필요한 능력은 어떤 게 있을까?

1. 스토리 텔링

앞서 말했듯 인스타그램은 '이미지'가 중요하다. 하지만 이미지가 중요하다는 게 꼭 고퀄리티의 예쁜 사진만이 살아남는다는 의미는 아니다. 내용만 좋다면 디자인이 따로 없어도, 하다못해 그냥 종이에 글을 쓴 콘텐츠만으로도 큰 호응을 얻는다.

얼굴이 예쁘거나, 날씬하거나, 명품이 많거나, 이런 비주얼적인 장점이 많은 사람이라면 스토리텔링이 필요 없을지도 모른다. 하지만 지금은 예쁜 사람도, 돈 많은 사람도 인스타그램에 차고 넘친다. 이제는 예쁜 것에 트렌디한 것에 플러스 알파로 나만의 이야기가 더해져야 한다. 여행 게시글을 올린다고 해도, 얼마나 더 다양한 정보를 담느냐가 중요하다. 셀카를 올린다고 하더라도 어떤 생각을 하는지를 잘 풀어내느냐가 그 사람의 매력을 만든다.

핵심은 끝까지 읽고 싶도록 이야기를 풀어내는 것.

사람들은 글을 읽고 싶어서, 공부하고 싶어서 인스타그램을 켜지 않는다. 그래서 조금이라도 어려운 단어와 개념을 말하면 그냥 넘겨버린다. 끝까지 읽고 싶은 마음이 들게 하려면 최대한 쉬운 단어로, 많은 사람이 공감할 수 있게 풀어내야 한다. 이를 위해 구체적인 방법 두 가지를 제안해 본다.

첫 번째, 구어체로 써보자.

글을 쓴다는 생각보다 친구들에게 말한다는 느낌으로 글을 작성해 보자. 예를 들어 '콘텐츠'라는 단어는 나에게는 익숙한 단어다. 하지만 우리는 친구를 만나서 "야 너 어제 그 콘텐츠 봤어?"라는 말보단, "야 어제 그 유튜브 영상 봤어?"라 말할 때가 많다. 물론 전문적인 톤으로 인스타그램을 운영한다면 조금 다를 수 있지만, 그렇다고 해도 최대한 어려운 단어를 빼고 직관적인 표현을 넣어야 반응을 얻을 수 있다.

두 번째, 위기보단 극복해 낸 경험을 넣자.

특히 요즘 인스타그램에서 가장 인기 있는 포맷 중 하나가 인스타툰인데 많은 툰 중에서도 이 '위기 → 극복' 경험이 있는 콘텐츠에 사람들은 열광한다. 미국 드라마 '가십걸'을 보면 여자 주인공 세레나와 블레어 두 명이 나오는데, 둘 중 블레어의 팬이 더 많다. 블레어라는 캐릭터가 세레나보다 훨씬 더 못됐고 이기적인데도 말이다. 그 이유는 블레어는 성공을 위해 엄청나게 노력하고, 실패하고, 방황하지만 결국 극복하고 성장하는 모습이 나오기 때문이다. 사람들은 '성장형 캐릭터'를 좋아한다.

스토리 텔링은 팬을 만들기 위해 가장 중요한 능력이다. 나의 이야기를 어떤 스토리로 전할 수 있을까? 내게도 아직도 늘 어려운 과제다.

2. 카피 라이팅

인스타그램에서 성장하고 싶다면 수많은 콘텐츠 중 선택을 받아야 하고 그러기 위해서는 눈길을 끄는 카피로 클릭을 받아야 한다. 그러기 위해서는 짧고 간결하지만, 사람들에게 와닿는 문장을 쓸 수 있어야 한다. 꼭 카드 뉴스를 만들지 않는다고 하더라도 설명 문구의 첫 줄이 이 역할을 할 수 있다. 보통 콘텐츠의 첫 장과 설명 문구의 첫 줄이 이 글을 더 읽을까 말까를 결정하기 때문이다. 설명 문구 또한 글이 길 경우에는 [더 보기]를 눌러야 전문을 볼 수 있기에 그 전에 [더 보기]를 누를 수 있는 장치가 있어야만 한다.

이미지를 잘 만드는 것도, 트렌드를 잘 파악하고 활용하는 것도, 해시태그를 잘 쓰는 것도 중요하다. 하지만 안에 담겨 있는 것만 좋다면 디자인이 예쁘지 않더라도 성공적으로 콘텐츠를 만들고 팬을 만든다. 제일 중요한 것은 더 보고 싶게 만드는 것과 끝까지 읽게 만드는 힘. 그리고 나의 이야기가 전부다.

SUMMARY

인스타그램 속 수많은 콘텐츠 중 나의 콘텐츠를 매력 있는 콘텐츠로 만들기 위해서는 글을 끝까지 읽게 만드는 스토리 텔링 능력과 선택을 받을 수 있는 카피 라이팅 능력을 갖추는 것이 필수적이다. 사람들이 좋아하는 콘텐츠를 살펴보고 나만의 레퍼런스를 만든 후, 그것을 토대로 내 이야기를 콘텐츠로 풀어보자. 아는 만큼 보이는 법이다.

:6
퍼스널 브랜딩
실전 워크북

퍼스널 브랜딩의 필요성과 팁들에 대해 읽었다면 이제는 실전에 어떻게 접목시킬 수 있을지 생각해 보자. 나만의 키워드를 잡는 게 어렵고, 어떻게 콘텐츠로 풀어야 할지 어려운 분들을 위해 좀 더 자세한 가이드라인을 준비해 보았다.

물론 이 가이드라인은 정답이 아니다. 하지만 이 정도는 꼭 체크해 보고 생각해 본 다음에 책을 넘겼으면 좋겠다. 책을 읽는 데만 머무르지 않고 실전에 적용해 봤으면 하는 마음으로.

◉ 형용사

나는 어떤 분위기의 사람으로 느껴지고 싶은가?

전문적인 느낌? 포근한 느낌? 위로받고 싶은 사람?

나의 분위기를 형용사로 먼저 정해보자.

[편안함 / 전문적임 / 시크함 / 따뜻함 / 힐링 / 귀여움 / 통통 튐 / 밝음]

_____

◉ 타겟

내 콘텐츠는 어떤 사람이 보면 좋을까? 내 콘텐츠를 읽고 열광하는 사람들을 상상

하며 적어보자.

연령대: _____

남, 여: _____

지역: _____

학력: _____

직업: _____

관심사: _____

그들은 어떤 계정을 팔로우하고 있을까?: _____

그렇다면 왜 그 계정을 팔로우하고 있을까?: _____

◉ 경쟁 계정

내가 이렇게 되고 싶다는 생각이 드는 계정은 누가 있을까? 그들처럼 왜 되고 싶고, 그들은 무엇을 잘했기에 사랑받을까? 분석해 보자.

① _____

② _____

◉ 말투

릴스같은 영상 콘텐츠뿐 아니라 카드 뉴스, 인스타툰, 그리고 캡션(설명 문구)에도 말투가 있다. 나는 어떤 위치에서 나의 타겟에게 말을 하고 싶은가?

재테크 조언을 해주는 콘텐츠라고 해도, 엄마의 목소리로 말하는 콘텐츠인지, 언니의 목소리로 말하는 콘텐츠인지에 따라 분위기는 천지 차이다.

[언니 or 오빠 / 막냇동생 / 혼잣말 / 친구 / 아빠 or 엄마 / 삼촌 or 이모 / 팀장 or 사수 / 기타: _____]

◉ 내가 되고 싶은 키워드

결국, 어떤 키워드로 기억에 남고 싶은지가 핵심이다. 앞의 경쟁 계정을 고른 이유를 생각하고, 타겟을 생각하며, 내가 하고 싶은 이야기를 토대로 나의 키워드를 정해보자. (ex. 따뜻하고 언니 같은 마케터)

(앞에서 고른 형용사) + 앞에서 고른 말투 + _____

◉ 사람들은 이 키워드의 사람(ex. 따뜻하고 언니 같은 마케터)에게

무슨 이야기를 듣고 싶을까?

_____

_____

◉ 그렇다면 나는 무슨 이야기를 하고 싶을까?

_____

◉ 아래 빈칸을 채워보자.

나는 _____ 한 사람에게 _____ 를 주제로 콘텐츠를 만들 거야.

그리고 이 콘텐츠는 보는 사람들에게 _____ 한 가치를 줄 거야.

◉ 내가 만들 주력 콘텐츠 유형

어떤 콘텐츠를 내가 가장 잘 만들 수 있을까?

당연히 이 콘텐츠 유형은 다양해도 좋다. 다만 내가 무리하지 않고, 나를 잘 표현

할 수 있는 방식을 정하는 것을 추천한다.

[카드 뉴스 / 릴스 / 인스타툰 / 사진]

◉ 내가 사용할 색상

말투, 타겟, 형용사를 고려하여 색상을 정하자. 특히 디자인된 인스타툰, 카드 뉴스 콘텐츠를 만든다면 주요 색상을 정해서 그 색상 안에서 디자인하는 것을 추천한다. 브랜딩하면 디자인을 먼저 떠올리는 분들이 많은 이유도, 이 디자인이 '~다움'을 만들기 때문이니까.

메인 색상은 2~3개를 정해, 그 안에서 사용하는 것을 추천한다. 색 조합을 어떻게 해야 할지 모르겠다면 'https://colorhunt.co(컬러 헌트)' 같은 사이트를 사용해 보자.

NAME

PART.5

보다 가치 있는
콘텐츠를
제작하는 방법

:1
내 콘텐츠에서
한발 물러서서 바라보기

내 콘텐츠를 읽는 사람들에게 유용한 가치를 꾸준히 주며 쌓아나가는 과정에서 찐 팬이 생기고, 그렇게 팬을 쌓아 가는 과정이 곧 '퍼스널 브랜딩'이다. 지금 내 인스타그램의 팔로워 수가 많지만 당장 내 계정이 사라진다고 하면? 내 글을 읽고 싶어서 다른 곳에서 검색해 보고 찾아갈 사람은 몇 명이나 될까? 나를 대체할 수 있는 계정은 얼마나 많을까? 퍼스널 브랜딩을 하고 싶은 사람이라면 반드시 고민해야 할 부분이다.

나는 심리학 콘텐츠를 좋아한다. 그리고 이런 콘텐츠에서 자주 보이는 단어가 있다. 바로 '자의식 과잉'이다.

사전에서는 자의식을 이렇게 정의하고 있다.

1. 자기 자신이 처한 위치나 자기 행동, 성격 따위에 대하여 깨닫는 일.
2. 자기 자신에 대하여 아는 일.
3. 외계나 타인과 구별되는 자아로서의 자기에 대한 의식.

즉, 나를 내가 어떻게 생각하고 있는지가 자의식이고, 자의식 과잉은 자의식이 너무 커져서 존재하지 않는 타인의 시선도 존재한다고 인지해 내가 세상에 어떻게 비치는지를 지나치게 생각하는 것이다. 당연히 자의식 자체는 나쁜 것이 아니다. 자의식이 없는 사람은 없으니까. 자의식은 타인과 나를 구별하고, 사회에서 다른 사람들과 어울릴 수 있게 해준다. 여기서 나는 자의식 과잉을 '타인이 보는 나보다 내가 나를 훨씬 높게 생각하는 것'으로 정의하고 글을 써보겠다.

내가 잘하고 있다고 생각하는 것은 문제가 되지 않는다. 하지만 내가 생각하는 나와 현실의 내가 지나치게 다를 때 문제가 된다. 이룬 것은 없지만 "아직 안 해서 그렇지 하기만 하면 이룰 수 있어."라고 막연히 생각하는 것처럼 말이다.

현실은 냉혹하다. 우리의 '할 수 있다'라는 마음과 실천의 결과는 다를 때가 많다. 그럴 때마다 우리의 자아는 우리가 현실을 보고 상처받지 않게 하려고 보호한다. 그래서 자의식 과잉이 생긴다. 문제는 자의식 과잉 상태에서는 내가 상처받지 않는 것이 1순위이기 때문에, 나의 부족한 점을 보고 개선하기보다는 다른 사람을 깎아

내리거나 환경을 탓하는 선택을 할 때가 많다는 것이다.

"문제를 모르는 것이 문제다."

나의 단점을 생각하고 바라보는 것은 고통스럽다. 하지만 그 고통 때문에 이를 외면한다면 그 부족한 부분이 개선될 가능성은 0%다.

갑자기 자의식 과잉 이야기를 길게 한 이유는 콘텐츠도 마찬가지이기 때문이다. 인스타그램을 운영하고, 콘텐츠를 만드는 사람들은 자의식 과잉, 즉 '자콘텐츠 과잉'에 빠지기가 쉽다. 게시글을 올리면 바로 좋아요, 댓글, 공유와 같은 숫자로 평가받기도 하고, 기획 과정에서부터 배포까지 100% 전 과정을 내가 총괄했기 때문에 내가 만든 콘텐츠는 너무 소중하고, 애착이 생긴다.

하지만 우리는 그 애착을 예의주시해야 한다. 애착이 강하면 나와 콘텐츠를 동일시할 수도 있기 때문이다. 콘텐츠에 대한 애정이 너무 강하면, 작은 피드백도 크게 느껴진다. 공들여 만든 콘텐츠는 결과를 보는 게 두렵게 느껴질 때도 있는데, 그렇게 두려울 때일수록 결과를 더 객관적으로 돌아봐야 한다. 다행히도(?) 콘텐츠는 좋아요, 댓글, 공유 숫자와 같이 수치로 객관적인 확인이 가능하다.

나의 콘텐츠는 얼마나 매력적일까? 내 콘텐츠가 정말 가치가 있을까를 판단하는 기준. 이 기준이 바로 '반응'이다. 내 콘텐츠가 매력적이라면, 좋아요나 댓글, 저장 등의 수치의 반응이 있을 것이다.

물론 처음에는 노출이 많지 않기에 반응이 적을 수 있다. 하지만 노출 대비 반응은 어떤 콘텐츠든 확인할 수 있지 않은가? 반응만 좋다는 보장이 있다면 노출은 힘을 들이지 않고 쉽게 광고를 통해서도 극대화할 수도 있다. 내가 올린 콘텐츠의 반응이 낮다면, 아래 4가지를 다시 생각해 보자.

1. 나의 타겟은 누구인가.

2. 그들에겐 무엇이 필요한가, 그들은 어떤 콘텐츠를 좋아하는가.

3. 가설을 세우고 콘텐츠를 만들어 본다.

4. 결과를 본다. 반응이 좋아졌는지, 아닌지 확인해 본다. 4~5회는 기존 가설대로 올려 보고, 여전히 반응이 좋지 않다면 다른 방향으로 콘텐츠를 바꿔보자.

나의 계정을 예시로 생각해 보았다.

1. 나의 타겟은 누구인가: 주니어 마케터, 혹은 예비 마케터

2. 그들에겐 무엇이 필요한가: 그들은 마케터로 일을 하길 원한다.

3. 가설을 세우고 콘텐츠를 만들어 본다: 마케터로 일을 하길 원한다면, 마케터 구인 정보를 얻고 싶지 않을까? 마케터 구인 구직 정보를 인스타그램 스토리에 무료로 올려 주자.

4. 결과를 본다: 스토리 뷰 수와 링크 클릭 수 등을 이전 스토리들과 비교해 본다.

이렇게 반응을 객관적인 수치로 보며 콘텐츠 개선 방향을 찾아본다. 사람들은 쉽게 지겨워하고, 늘 새로운 것을 원하기에 우리의 방향과 크게 다르지 않으면서 변화를 줄 수 있는 건 어떤 게 있을지도 생각하며 변주를 줘야 한다.

내 콘텐츠를 지나치게 사랑하지 말자,

소중한 마음에 자콘텐츠과잉에 빠지지 말자.

애착으로 스스로 약점을 알아채지 못한다면, 아무것도 되지 않는다.

S U M M A R Y

내 콘텐츠가 진짜 가치를 주고 있는지 없는지가 궁금하다면? 콘텐츠 반응 수치로 쉽게 확인할 수 있다. 노출 대비 반응을 보는 것도 방법이다. 하지만 내가 만든 콘텐츠를 너무 사랑하지는 말자. 콘텐츠의 반응은 높은 확률로 나쁘다. 그러니 결과를 마주하는 것을 목표로 하자. 실패를 인정해야 성장할 수 있다.

지금 내 콘텐츠를 돌아보고 개선점을 한 번 찾아보자.

1. 나의 타겟은 누구인가. _____

2. 그들에겐 무엇이 필요한가, 그들은 어떤 콘텐츠를 좋아하는가.
   _____

3. 가설을 세우고 콘텐츠를 만들어 본다. _____

4. 결과를 본다. 반응이 좋아졌는지, 아닌지 확인해 본다. 4~5회는 기존 가
   설대로 올려보고, 여전히 반응이 좋지 않다면 다른 방향으로 콘텐츠를
   바꿔보자. _____

:2
그냥 돈만 벌고 싶으면
100% 실패합니다

돈을 많이 벌고 싶다. 불행인지 다행인지(?) 귀도 얇고 추진력이 있는 나의 성향에, 돈을 많이 벌고 싶다는 욕심이 더해져 유행한다는 돈벌이 몇몇에 다 발을 슬쩍 담가보기도 했다.

한때는 스마트스토어를, 한때는 블로그 수익화를, 한때는 캘리그라피 외주도 해보고, 강의도 해보고, 제품도 만들어서 팔아보고, 전자책도 만들고, 주식도 하고, 부동산 공부도 조금씩 해봤다. 다 좋은 경험이었다. 하지만 돈을 잘 벌진 못했다. 자괴감이 들었다. 세상의 수많은 콘텐츠는 돈 벌기가 쉬운 시대라 말하고, 블로그 하나로 대기업 월급은 번다고 하고, 2주면 누구나 할 수 있다고 했지만 나는 그렇지 않았다. 못하는 나를 보는 것이 솔직히 고통스러웠다.

이 자괴감이 쌓여 지금의 내가 있는 거겠지만, 내가 이 경험을 통해 느낀 바는 분명했다. 돈만 보고 시작한 일은 쉽게 낙심하고 포기한다는 것이었다. 몇 개월 해보고, 그렇게 열심히 하지도 않았으면서 빠르게 결과가 나오지 않는다는 이유로 안 된다 여기고 자연스럽게 놓아버리는 거다. 좋아하지 않으면 절대 오래 할 수 없고 그만큼 열정을 쏟지 않으니 좋은 결과는 당연히 나오지 않는다.

누군가는 한 번에 큰돈을 벌기도 하고 '떡상'의 경험을 해보기도 한다. 하지만 그들의 성장은 그냥 생긴 것이 아니다. 한 번의 큰 성장은 그들이 쌓아온 경험과 노하우, 짙은 농도의 삶이 있었기에 가능했다. 단지 사람들은 '한 번에' '많은 돈'을 편하게 벌길 원하니 그런 메시지로 유혹하는 것뿐이다.

결과가 나오려면 나만의 무언가가 있어야 한다.
노하우가 생기려면 적당량의 시간은 반드시 필요하다.

나는 독일의 철학자 헤겔이 말한 '양질 전환의 법칙'을 굳게 믿는다. 양적 변화가 축적되어야 질적으로 변화된다. 물은 99도에서 끓지 않는다, 100도가 되는 순간 끓어 기체가 된다. 여기서 깊이 생각해야 할 부분은 100도 지점이 아니다. 0에서 99도까지는 아무 변화 없는 물을 계속 바라보면서 그냥 끓여야 한다는 것이다.

우리는 우리가 넣는 인풋만큼 성장한다고 생각하지만, 실제 우리 발전의 모습은 그렇지가 않다. 초반 성장 속도는 생각한 것보다 훨씬 더 엉성하고 미미하다. 성장을 이루기까지는 그 미미한 티도 안 나는 성장 속도를 오랫동안 버텨야만 한다. 그 구간을 '중간의 지옥', '낙담의 골짜기'라는 말로 표현한다. 하지만 그 지옥과 같은 시기를 거치고 나면? 우리의 성장 속도는 갑자기 기하급수적으로 빨라진다.

핵심은 어떤 결과건 나오기까지는 결과 없이 '버텨야만'하는 시기가 있다는 것이다.

이 시기를 버틸 수 있느냐 없느냐가 정말 중요하다. 그래서 좋아하는 일을 해야 한다. 좋아하는 일도 결과가 나오지 않으면 오래 하기가 힘든데 하물며 좋아하지 않는 일을 어떻게 오래 할 수 있을까? 좋아요, 댓글과 같은 수치를 목표로 삼고 콘텐츠를 만들어도 좋은 결과를 얻기가 쉽지 않은데, 어떻게 사람들의 지갑을 열어야 하는 '수익화 콘텐츠'로 돈을 빠르게 벌 수 있을까? 모든 건 쉽지 않다.

이래서 그냥 돈만 벌고 싶어 하면 안 된다. 우리의 성장을 위해서도, 우리의 삶을 위해서도, 우리는 좋아하는 것과 잘하는 것, 대중이 원하는 것을 모두 고려해야만 한다. 당신은 돈을 원하는가 나의 성장을 원하는가?

SUMMARY

돈만 바라보고 콘텐츠를 만들면 안 된다. 왜냐하면, 생각보다 수익화까지는 오랜 시간이 걸리기 때문이다. 운이 좋아 빠르게 성장하는 사람들도 분명히 있지만, 우리가 운이 좋을 확률보다는 운이 나쁠 확률이 더 높다.

그러므로 성장을 위해서는 버텨야만 하는 시간이 있을 수밖에 없다. 결과가 보이지 않는데 버텨야만 하는 것은 고통스러울 것이다. 심지어 돈만 바라보고 시작했다면? 쉽게 벌리지 않는 돈에 빠르게 답답함을 느낄 것이다. 이것이 바로 좋아하는 분야로 브랜딩을 시작해야 하는 이유다.

당신에게 결과 없이 버틸 수 있는 콘텐츠는 무엇인가?

:3
우리는
당신의 시간을 삽니다

우리는 우리가 좋아하는 것을 해야 한다. 앞 장에서 말한 것처럼 결과가 나오기까지 버티는 기간이 필요하다 보니, 그 기간을 잘 버티기 위해서는 결국은 내가 하는 분야에 애정이 있어야만 한다.

퍼스널 브랜딩으로 내가 원하는 '결과'는 무엇일까?

사람마다 원하는 결과는 다 다르겠지만 나는 이 두 가지 결과를 기대했었다. 바로 콘텐츠의 좋은 반응과 수익화. 이 결과를 이루기 위해서는 '내가 좋아하는 것'도 중요하지만 내가 좋아하는 것을 타겟도 좋아하는지가 관건이었다. 전화를 받을 사람이 없다면 전화를 거는 것 자체가 무의미한 것처럼, 수익을 위해서는 세상의 수요도 있어야 한다. 내가 좋아하는 것을 다른 사람도 좋아해야 결과가 나오는 것이다.

당신의 타겟이 당신의 콘텐츠를 좋아한다는 것을 어떻게 알 수 있을까? 콘텐츠 반응을 통해 직관적으로 알 수 있지만, 이 본질을 깊이 생각해 보면 결국은 나의 콘텐츠를 보는데 시간을 쓰는가?를 기준으로 잡을 수 있다.

이케아의 경쟁기업은 다른 비슷한 가구 회사가 아닌 '디즈니랜드'다. 이케아 매장을 오는 사람들은 단순히 가구를 사기 위해 오는 게 아니라, 즐거운 경험을 하기 위해 오는 것이기 때문이다. 이런 것처럼 사람들이 어떤 목적으로 나에게 '시간'을 쓰느냐에 따라 경쟁자의 기준은 달라진다. 내가 좋아하는 것을 소재로 하되, 이 글을 읽을 사람들의 시간을 귀하게 여겨야 한다. 그리고 그 귀한 시간을 나에게 썼으면 좋겠다는 마음으로 기획을 해야 한다.

역지사지로 생각해 보자. 나는 과연 메일함 속 뉴스레터 중 어느 것을 꾸준히 열어보며, 내가 팔로우한 인스타그램 계정 중 어느 콘텐츠를 그냥 넘기지 않고 읽는지. 어떤 유튜브 영상이 올라왔을 때 빠짐없이 보게 되는지를 생각해 보자. 핸드폰을 켜서 어떤 앱을 열어보고, 어떤 메일을 읽고, 어떤 콘텐츠를 볼지 선택하는 과정에는 100% 오롯한 나의 의지만이 존재한다. 그렇기에 우리는 그들에게 선택당해야 한다. 선택당하는 콘텐츠가 살아남는 시대다. 콘텐츠가 살아남아야 우리의 퍼스널 브랜딩도 가능해진다.

결론은 내가 어떤 '가치'를 타겟에게 선사할 수 있는 지다. 소비자로서 내가 선택하는 것을 생각해 보며 내가 전할 수 있는 가치에 대해서도 진중히 생각해 보자.

SUMMARY

우리가 좋아하는 것을 주제로 해야 오래 꾸준한 운영이 가능하다.

하지만 좋은 결과를 내기 위해서는 반드시 '타겟에게 필요한 것'을 만들어야 한다. 타겟이 필요로 하고, 좋아한다는 것은 결국 우리 콘텐츠를 보는데 얼마나 시간을 쓰느냐가 될 것이다.

당신의 콘텐츠는 시간을 쓸만한 가치가 있는가?

:4
진짜 나의 팬은
누구일까?

"어떤 분야에서 일하든 모두가 크리에이터가 되는 시대가 온다. 모든 직업이 크리에이터적인 요소를 포함하게 될 것이다."

- 책 <크리에이터 이코노미>

나를 좋아하는 팬 1,000명만 있어도 먹고 살 수 있는 시대. 지금 시대를 관통하는 문장이다. 크리에이터 이코노미라는 개념을 처음 알게 됐을 때는 정말 충격적이었다. 콘텐츠만 잘 만들어도 먹고 살 수 있다니! 콘텐츠를 좋아하는 나에게는 이처럼 기쁜 소식이 없었다.

1,000명의 팔로워를 모으는 것은 생각보다 쉽다. 만약 1,000명의 숫자만으로 정말 먹고 살 수 있는 것이라면, 사실 이 숫자는 이벤트를 몇 번 열거나 광고를 집행하는 것만으로도 쉽게 모을 수 있을 것이다. 문제는 팔로워가 나의 '팬'일까? 하는 의문이다.

팬이란 무엇일까? 이 팬은 단순한 1,000명의 팔로워를 의미하지는 않는다. 나의 가치에 깊게 공감하고 나를 진심으로 응원하는 사람 숫자다.

마케팅 컨설팅을 하며 생각보다 많은 사장님이 상위 노출에 민감하고, 또 그만큼 중요하게 생각한다는 것을 느꼈다. 하지만 노출에만 민감하다 보니 정작 더 중요한 것을 놓치시는 것을 보았다. 물론 상위 노출도 의미있고 중요하지만 더 중요한 것은 전환이다. 만약 전환만 잘 된다면 노출은 광고로 쉽게 높일 수도 있다.

나는 콘텐츠도 마찬가지라고 생각한다. 유튜브에는 렉카 동영상들이 무수히 많고, 우리의 클릭을 유도하는 자극적인 썸네일을 만드는 곳들도 많다. 그런 영상의 조회 수는 높다. 댓글도 많다. 그 영상들은 사람들이 반응할 만한 소재를 가지고 와서 반응할 수밖에 없게 자극적으로 콘텐츠를 만드니까.

근데 그 숫자 중 그들의 팬은 얼마나 있을까? 아니 있기는 할까? 그렇게 채널을 키운다는 것 자체가 나쁘다는 것은 아니다. 그렇게라도 키워본 경험이 있다면 채널을 키우는 능력이나 사람들을 후킹 할 수 있는 능력이 있다는 것이고, 광고로도 돈을 많이 벌 수 있을지도 모른다. 어쩌면 그들에게 팬은 의미가 없을지도 모른다.

하지만 그들에게는 크리에이터 이코노미에서 말하는 1,000명만으로 먹고 살 수 있는 그 '팬'은 없을 것이다. 나의 팬이 있다는 것은 성취감을 준다. 또한, 그들에게 심리적인 안정, 정보 등의 가치를 준다는 것에서 효용감을 느낄 수 있다. 이에 더해 나의 행보를 응원해 주고, 알려주는 사람이 있다는 것은 지금 이 계정이 사라지고 내가 콘텐츠를 올리지 않는다고 해도 언제든 다시 나를 찾아주고, 다른 계정을 찾아와 줄 사람이 있다는 것을 의미한다.

그래서 나는 나만의 '팬의 기준'을 다시 세웠다. 이 기준이 있어야 팬의 수를 측정할 수 있으니까. 나는 스스로 팬을 이렇게 정의하고 있다. '나의 블로그, 인스타그램, 유튜브를 모두 구독해 주시는 분들.' 이렇게 기준을 세우면 내가 팬을 만들기 위해 어떤 노력을 해야 할지가 좀 더 명확해진다. 어떻게 나의 모든 채널을 다 구독하게 만들까? 를 고민하면 되기 때문이다.

여러 채널을 구독하게 만드는 데 필요한 것은? 다른 채널까지 들어가서 다 읽어보고 싶게 만들려면 어떻게 해야 할까?

정답은 '나'라는 사람이 궁금해져야 한다.

대체 저 사람은 지금 왜 저런 생각을 할까? 대체 저 사람은 어떤 이력을 갖고 있을까? 저 사람은 여태까지 어떻게 산 걸까?

내 콘텐츠는 정보 전달이 가장 커서, 이에 대해 아직도 갈 길이 멀다. 여전히 나의 고군분투는 계속되고 있으며 명확한 나의 팬을 만들기 위해 이 책에 서술한 브랜

딩을 끊임없이 진행하고 있다. 당신에게도 '슈퍼팬'이 생긴다면 과연 어떤 일이 일어

날까?

SUMMARY

팬 1,000명만 있으면 먹고 살 수 있다고 한다. 그렇다면 팬이라는 건 무엇일까? 단순한 팔로워들을 나의 팬이라 말할 수는 없을 것이다.

그렇다면 나의 팬은 어떻게 정의할 수 있을까? 정답은 없다.

하지만 나만의 팬의 정의를 세워두는 것을 추천한다. 기준이 있어야 목표에 다 달았는지 점검할 수 있고, 개선점이 보이기 때문이다.

당신이 생각하는 진짜 팬은 어떤 사람인가?

:5
성공한 사람들의 비결은
성공할 때까지 하는 것이다

세상에는 참신하고 도움이 되는 콘텐츠들이 넘친다. 하지만 정말 멋있고 기발하다고 생각한 계정도 어느 순간 조용히 사라지고 보이지 않는 경우가 많다. 왜일까? 지속하는 게 제일 어려운 일이기 때문이다. 꾸준함은 실로 대단한 재능이다.

"그렇게 열심히 할 필요가 없어요. 꾸준히만 하면 90%는 성공이에요."

많은 성공한 사람들의 성공 비결은 놀랍게도 '성공할 때까지' 하는 것이다.
성공할 때까지 도전하면 실패율은 0%다.

나는 특출나게 잘하는 게 없다. 하지만 꾸준히 하는 것 하나만큼은 잘했다. 꾸준함의 기준도 사람마다 다 다르겠지만, 나의 계정 운영에서 꾸준함은 '새로운 채널을 시작할 때는 일단 3개월은 처음 기획한 목표대로 운영한다'라는 철칙이다. '처음 시작할 때는 반응을 기대하지 않고 꾸준히 올리는 걸 목표로 한다. 그렇게 기대하지 않고 하다 보니 놀라운 일이 생겼다' 같은 드라마틱한 이야기는 아쉽지만 없다. 나는 세상이 뒤집힐 정도의 퀄리티의 콘텐츠를 기획하는 사람은 아니다. 그리고 내가 홈런 타자가 아닌, 안타를 치는 타자라는 것을 잘 알고 있었기에 꾸준함의 힘을 믿었다.

인스타그램을 마케팅 계정으로 다시 시작했던 그때 나보다 잘나가는 계정들이 훨씬 많았다. 그들을 보며 자극을 받고 동기부여를 얻었지만, 그토록 멋있던 계정 중 대부분은 조용히 사라졌다. 분명 나보다 멋진 컨셉과 인사이트를 나누는 계정들도 많았다. 하지만 본업에 우선순위가 밀려 '해야 하는데...'라는 생각과 함께 하루씩 미루다 보니 다시 시작하기가 어려웠으리라 추측해 본다. 그만큼 꾸준함과 지속성은 생활화가 되지 않으면 참 어렵다. 하지만 놀라운 사실은, 꾸준함은 누구나 가질 수 있고 누구에게나 공평한 '재능'이라는 것이다. 누구나 핑계만 대지 않으면 이룰 수 있는 것이 꾸준함이다. 꼭 대단한 소재를 갖고 있지 않아도, 압도적으로 뛰어나지 않아도 꾸준함은 누구나 가질 수 있다.

"나는 시간이 없어" "나는 만들 콘텐츠가 없어"라는 생각이 당연히 들 수 있다. 우린 이것 말고도 해야 할 일이 있으니까. 하지만 그 속에서도 늘 방법을 찾는 사람은 찾는다. 꾸준히 하기 위해 콘텐츠 제작 시간이 최소화되도록 기획한다든지 등 방법을 찾는다면 극한 상황에서도 콘텐츠 제작을 이어갈 수 있다.

송혜교와 현빈이 나왔던 드라마 '그들이 사는 세상'에서 드라마 PD인 지오와 아버지가 함께 밥을 먹다 아버지가 밥상을 엎는 장면이 나온다. 아버지가 밥상을 엎는 그 순간, 지오 머릿속에서는 구상 중인 드라마의 새 장면이 떠오른다. 그만큼 해야 한다는 마음이 있다면, 밥상을 엎는 순간에도 아이디어를 떠올릴 수가 있는 것이다.

어떤 일이든 '꾸준함'은 필수적이다. 그리고 결과는 사실 나올 수도 있고, 나오지 않을 수도 있다. 생각보다 더 오랜 시간이 걸릴 수도 있다는 것 그리고 초반 콘텐츠나 채널을 기획할 때 좋아하는 것을 꼭 생각해야 하는 이유도 이 꾸준함 때문이라는 것을 명심했으면 좋겠다. 요즘은 한 달 만에 팔로워 10,000명쯤은 누구나 만들 수 있다고 한다. 누군가에게는 그것이 쉬울지도 모른다. 하지만 나는 그것 또한 좋아하고, 절대적인 시간을 많이 쏟아야만 가능하다고 믿는다. 결과가 나오지 않아서 두렵다면, 그 안개 같은 두려움 속에서 그냥 한 발 내디디면 된다. 그러면 그 두려움은 허상이라는 것을 알게 된다.

지금 이 책을 읽고 있는 당신도 충분히 할 수 있다.

SUMMARY

누군가는 한 달 만에 인스타그램 팔로워 10,000명이라는 결과를 이뤄낼지도 모른다. 단기간에 좋은 결과를 내는 일이 진짜 가능한 일일지도 모른다. 하지만 그게 나일 것이라는 행운이나 기적은 바라지 않는 것이 좋다. 단기간에 좋은 결과를 내는 분들은 태생적으로 콘텐츠에 대한 감이 있거나, 인스타그램은 처음일지라도 다른 경험들이 쌓여 그 결과를 이뤄냈을 확률이 높다.

홈런보다는 안타를, 한 번에 대성공을 바라기보다는 조그마한 성공을 여러 번 하는 걸 목표로 시작하자. 그러기 위해서는 꾸준함은 필수적이다. 꾸준함은 사실 그 어떤 재능이 없다 하더라도, 누구나 가질 수 있다. 핑계는 인제 그만. 두려움에서 한 발 나가 꾸준히 시작해 보자. 막상 해보면 아무것도 아닌 것들이 많다.

PART.6

내 가치를
올리기 위한
최고의 마인드 셋

:1
즐거운 일을 위해,
나의 기분을 좋게 유지하는 방법

프리랜서에 대한 로망이 있었다. 자유롭게 원하는 일만 하고 노력한 만큼 돈을 벌 수 있다는 그런 로망. 그리고 내가 프리랜서가 된다면 누구보다 주체적으로 일하며, 시간과 장소의 자유를 얻은 만큼 색다른 경험들로 나를 채워가며 일할 거라 기대했다.

하지만 프리랜서를 시작한 지 한 달도 채 되지 않았을 때 깨달았다. 현실은 나의 로망과 완전히 다르다는 것을. 나의 몸값도 내가, 일하는 장소와 시간도 내가. 모든 결정을 내가 해야 한다는 사실은 맞았지만 "어느 정도를 해야 적당한 걸까"에 대한 감도 없고, 자신감도 없었다. 회사에서는 그저 나의 일인 마케팅만 잘하면 됐었지만, 이제는 내가 회계, 세무팀의 역할도, 영업과 모든 커뮤니케이션 또한 잘 해내야 했다. 프리랜서를 시작했던 시점, 나는 더 벌고 더 모으는 것을 목표로 했다. 그러다 보니 내가 꿈꿨던 삶과는 반대되는, 매번 비슷한 배경에서만 일하고, 먹고 자고 일하는 삶만 반복하였다.

회사라는 든든한 울타리를 박차고 나온 만큼 나를 빨리 증명해야 한다는 압박감이 컸다. 최고의 성과를 내서 최고의 마케터가 되고, 몸값을 높이고 싶다는 마음이 더 앞섰다. 완벽을 목표로 하다 보니 해야 할 일이 점점 많아졌다. 일, 커뮤니케이션, 문서 작업 등의 능력은 물론, 클라이언트와 미팅할 때 내 모습이 전문적으로 보이게 다이어트도, 머릿결도, 피부관리도, 옷 스타일링까지도 발전시켜야 한다 생각했다. 심지어 업무 능력과는 큰 연관성이 없는 학벌이나 언어 능력 등 나에게 부족한 부분들은 자꾸만 늘어났다.

그렇게 나의 부족한 부분만 조명하며 달리고 있었다. 쉽게 눈물이 났고, 초라해졌고, 원래도 그리 넓지 않던 마음이 점점 더 좁아졌다. 일을 좋아하는 사람이었던 나는 어느 순간부터 일은 '힘들지만 해야만 하는 것'이라 여겼다. 다행히도 내 주변엔 긍정적인 사람들이 많아, 이런 내 마음이 잘못됐다는 것을 빠르게 인지할 수 있었다. 한 대표님은 내게 "콘텐츠를 만드는 건, 반응이 즉각적으로 보이다 보니까 훨씬 빨리 지칠 수 있는 것 같아요. 디지털 디톡스를 3일이라도 해보시는 건 어때요?"라고 권해주셨고, 디지털 디톡스까지는 직업 특성상 어려우니 SNS를 최소한으로 보고 내가 좋아하는 일을 하는 '장은진 대접하기 프로젝트'를 시작했다.

프로젝트라고 하니까 거창해 보이지만 별 건 아니다. 나를 최고로 생각하고, 나에게 가장 좋은 선택을 하자는 프로젝트다. 이게 무슨 의미냐면, 피자가 먹고 싶을 땐 피자를 먹자는 의미다. 나는 피자가 먹고 싶을 때 피자 주문을 고민하다가 결국엔 "1인 가구에게 피자는 너무 많고 비싸니 작고 저렴한 피자빵을 먹자!"라는 결론에 다다를 때가 많은 사람이라 이런 의식이 필요했다.

"오늘은 바다 앞의 카페에 가서 일하고 싶다"라는 생각을 했어도 "가기도 귀찮고 자리가 없을 수도 있고 콘센트도 없으면 어떡해? 그리고 커피값도 아끼는 게 낫지 않을까"라는 마음으로 결국 집 앞에 있는 맨날 가는 카페에 가는 것이다.

사소한 부분이지만, 무의식적으로 나의 소비와 결정에 제재를 참 많이 하고 있었다. 그리고 그 선택들은 나를 위한 선택이 아니었다. 이 프로젝트는 조금 귀찮더라도 처음의 마음을 존중하고 따르자는 취지로 시작되었다. 내가 생각하는 '나를 아낀다'는 것은 내 마음대로 산다는 것은 아니라 번거로울 수 있지만, 정말 나에게 가장 좋은 선택을 하는 것이다.

그렇게 번아웃 비슷한 시기를 겪고 나서 시작했던 일명 '장은진 대접하기 프로젝트'의 효과는 엄청났다. 나는 프로젝트 이틀 만에 다시 일하고 싶고 잘할 수 있다는 마음이 생겼다. 뭐 대단한 걸 하지도 않았다. SNS를 최소한으로 보고, 하루 종일 책 읽고 맛있는 거 먹고 일기만 썼다. 근데 나는 여기서 최고의 행복을 느꼈다.

"조금만 멈추면 이렇게 행복한 삶인데" 프로젝트 둘째 날에 쓴 문장이다. 지금 일이 너무 버겁고 힘들게만 느껴진다면 잠시 나 대접하기 프로젝트를 해보는 건 어떨까. 그날은 에너지가 없다고 누워서 폰을 보는 것이 아니라, 진짜 내 마음의 소리를 듣고 내 몸과 마음이 제일 행복하게 즐길 수 있는 걸 하는 날이다. 나를 대접하며 그 생각과 감정을 일기를 써보자. 내가 가진 것들을 하나하나 나열해 보는 것도 좋고, 감사 일기를 써보는 것도 좋다. 별것 아니지만, 나의 행동에도 프로젝트라는 이름을 붙이면 괜히 귀엽고, 완수해야 할 것 같은 느낌도 생긴다.

나의 기분을 좋게 유지하는 것이 곧 사람, 일에 대한 태도와 직결된다.

내 기분이 좋지 않고 내 마음이 여유롭지 않은 상태에서 좋은 태도가 나오기는 힘들다. 일이 힘들어서 낙심될 때는 나의 마음을 존중해 주고 어떻게 하면 더 즐겁게 일을 할 수 있을지 연구해 보았으면 좋겠다.

:2
기록은 돈이 된다

기록(記錄): 주로 후일에 남길 목적으로 어떤 사실을 적음. 또는 그런 글.

지금은 잘 기록하는 것만으로도 돈이 되고 업(業)이 되는 시대이다. 기자와 작가 같은 글을 쓰는 일이 업이 아니더라도 누구나 가치 있는 글을 쓸 수 있다. 꼭 글이 아니라도 괜찮다. 일상을 촬영하고 편집하여 유튜브에 Vlog를 올리면 나는 브이로거가 된다. 운동과 관련된 유용한 정보들을 한데 모아 블로그를 작성하면 나는 블로거가 된다. 나는 마케팅 팁과 생각을 인스타그램에 공유하여 마케터 인스타그래머가 되었다.

기록으로 돈을 버는 방식은 크게 두 가지가 있다. 첫 번째는 기록 그 자체로 돈을 버는 방법, 두 번째는 기록이 홍보가 되어 돈을 버는 방법이다.

첫 번째 기록으로 돈을 버는 것도 쪼개어 보면 다양하다. 협찬 혹은 원고료를 받고 소개 콘텐츠를 올릴 수도 있고 유튜브와 블로그처럼 광고 지면이 별도로 있다면 할당된 광고 지면에 광고가 노출되거나 클릭이 발생하면 광고비 중 일부를 받을 수 있다. 또한, 정보를 엮어서 PDF 전자책으로 만들어 판매를 하거나, 유료 콘텐츠 구독 플랫폼에 지속적으로 글을 업로드하여 돈을 벌 수도 있다.

두 번째 기록으로 돈을 버는 방법은 나의 기록을 통해 일로 연결되는 경우다. 나로 예를 들자면 마케팅과 관련된 콘텐츠를 올리다 보니 마케팅 대행, 컨설팅 문의, 강의 요청 등을 받는다. 일회성으로는 심사위원, 자문으로도 돈을 번 적이 있다. 이 경우는 기록이 나의 영업 사원 역할을 하는 것이다.

나의 영업 사원을 잘 활용하고 싶다면 아래 내용을 그대로 따라 해보길 바란다. 예를 들어 내가 블로그 원데이클래스를 해보고 싶다면, "마케팅 콘텐츠를 만드는데 강의 문의가 왜 안 들어올까요?"라고 생각만 해선 안 된다. "저는 이런 강의를 할 수 있어요."라고 말해야 강의 제안을 받을 수 있다. 만약 내가 블로그 원데이클래스 강의를 해보고 싶다면, 우선 나의 블로그에 원데이클래스 강의를 할 수 있다고 먼저 올려두자. 혹시 내 강의 퀄리티에 대한 확신이 없다면? 지인들을 대상으로 먼저 강의를 연습해 보거나, 무료로 강의를 오픈해 보자. 피드백을 받고 개선하여 낮은 금액씩 받고 진행해보면 된다. 그리고 그렇게 진행한 강의 경험을 하나씩 블로그에 부산 블로그 강의, 부산 원데이클래스 등 여러 키워드를 사용하여 게시하는 것이다. 그러면 강의가 필요한 기관에서 검색해 보고 나에게 연락을 준다.

기록은 돈이 되고 직업이 된다.

꼭 기록이 돈이 되기 때문에 의미가 있다는 것은 아니다. 내가 배운 것들을 기록하면 그 기록은 내게 완전히 체화되어 내 것이 된다. 또한, 일상 기록은 언제든 그때의 생각을 생생하게 돌아보게 만드는 추억이 된다. 공개된 장소에 기록하는 것은 전혀 만날 일 없는 사람을 만날 수 있게 해준다. 기록은 내 삶은 물론, 나의 일과 인간관계에도 긍정적인 영향을 준다. 이렇게 나쁜 게 하나도 없는 기록을 다들 꼭 시작했으면 좋겠다.

:3
크리에이터가 되어 만난
인연들

기록은 나에게 선물처럼 많은 사람을 연결해 주었다.

인간이 바뀌려면 시간을 달리 쓰거나, 사는 곳을 바꾸거나, 새로운 사람을 만나야 한다는데 크리에이터가 된 후 자연스럽게 이 세 가지가 모두 바뀌게 되었다.

특히 새로운 사람을 많이 만나며 나는 긍정적으로 변할 수 있었다. 좋은 사람들을 만나, 좋은 대화를 나누고 싶다는 마음은 모두가 갖고 있지 않을까? 크리에이터가 되면 좋은 사람을 많이 만날 수 있다. 그 이유는 콘텐츠로 나를 증명할 수 있어서다. 물론 팔로워 수가 많다면 더 쉽게 증명할 수 있겠지만, 팔로워 수가 없더라도 내가 만들어 온 콘텐츠들과 내가 써온 글들은 내가 어떤 사람인지를 보여준다. 나를 모르는 사람도 내가 만들어 온 콘텐츠를 보며 '저 사람은 저런 성향이겠구나, 저 사람은 저런 걸 좋아하겠구나.' 를 어느 정도 예측할 수 있고, 그 예측치를 토대로 이 사람과 만나보고 싶다는 생각을 가질 수 있다. 이는 모르는 사람을 만나는 것에 대한 두려움, 위험을 줄어들게 만들고 그렇게 낮춰진 벽은 쉽게 이어질 수 있게 만들어 준다. 워낙 이상한 사람들도 많고, 흉흉한 세상인 만큼 검증된 사람을 만나고 싶은 마음은 당연히 커질 수밖에 없으니 말이다.

다양한 분야의 사람을 만날 방법은 많다. 첫 번째 방법은 만나고 싶은 사람들에게 만나자고 하는 것이다. 그리고 제안이 쉽게 받아들여지기 위해서는 사전에 소통을 꾸준히 했다면 더 좋다. 소통을 했더라도, 만나자는 말을 전할 때는 나를 잘 설명해야 한다. 가끔 자신이 누구인지 제대로 알려주지는 않고, 무턱대고 만나자고만 하는 경우도 있는데 솔직히 그럴 땐 난감하다. 연락 주신 분이 어떤 사람인지도 모르는데 대체 무슨 얘기를 나눌 수 있을지 상상도 되지 않고, 혹시 이상한 사람이진 않을까? 하는 두려움이 생기기 때문이다. 제안 주시는 분들은 나의 콘텐츠를 봤기 때문에 내가 누구인지 어느 정도 알 수 있지만 받는 사람은 아무것도 모른다는 것을 꼭 명심해서 나는 어떤 사람이고, 왜 당신을 만나고 싶고, 나는 이런 걸 줄 수 있는 사람이라는 것을 꼭 함께 적어 제안해 보자.

두 번째는 모임에 참석하는 것이다. 퇴사를 한 후 시간을 자유롭게 쓸 수 있게 되자 나는 여러 모임에 쉽게 참석할 수 있게 되었다. 나를 설명할 수 있는 한 마디를 준비해 두면 네트워킹이 또 다른 네트워킹으로 이어질 가능성이 크다. '콘텐츠 마케팅'을 하는 프리워커이자 '콘텐츠 크리에이터'라는 다소 밋밋한 자기소개를 해도, 이 소개만으로도 관심을 가지고 대화가 이어지는 경우가 많다. 장황한 말도 좋지만, 기억에 어떤 키워드를 남길 건지가 네트워킹에서도 중요하다는 것을 잊지 말자. 나를 증명할 수 있는 내가 다녔던 기업, 학교를 얘기해도 좋고 몇 년째 사업을 하고 있는지, 몇 년째 콘텐츠를 만들고 있는지 등 숫자로 나를 표현해 봐도 좋다.

크리에이터가 된 후 새로 만나게 된 인연들은 기업의 대표거나, 같은 프리랜서, 마케터거나, 콘텐츠 크리에이터인 경우가 많다. 모두 하고 있는 일은 다르지만, 이들에게는 '성장 지향적'인 사람이라는 공통점이 있다. 나이가 많으셔도 나보다 배움에 대한 갈망은 훨씬 높은 분들이 많고, 나보다 더 트렌드를 잘 아시는 분들도 많다. 그리고 이렇게 이어진 인연들은 나의 오래된 친구보다도 더 대화가 잘 된다. 우리 부모님과 비슷하거나 더 많으신 분들과도 나는 친구가 되었다.

나보다 훨씬 경험이 많고, 시야가 넓은 분들과 친구가 되면 그들은 나의 나침반이 되어준다. 하지만 여기서 내가 받기만 하면 친구는 될 수 없었을 것이다. 나도 그분들에게 줄 수 있는 게 있기에 동등한 위치의 친구가 될 수 있었다. 내가 줄 수 있는 건, 마케터의 관점이다. 또한, 이렇게 이어진 인연들은 나의 일의 스펙트럼도, 일하는 방식도 넓게 만들어 주었다. 프리랜서로 혼자 일하는 나지만 몇몇 일은 다른 프리랜서분들과 함께 해보기도 했다. 프리랜서 그룹에 소속되어 든든한 PM님과 여러 프리랜서 분들과 팀으로 일을 시작하기도 했고, 얼마 전 마친 수영구의 한 행사는 다정한 프리랜서 2분과 함께 디지털 노마드로 일을 했었다. 마냥 외롭게만 일하던 프리랜서에서, 조금씩 함께 재밌게 일하는 방식도 늘어나고 있다는 게 참 좋고 앞으로의 일도 기대되게 만들어 준다.

이렇게 크리에이터라는 업은 내 삶을 더 좋은 방향으로 바꿔주었다. 더 많은 사람과 연결되고 싶고, 더 다양한 기회를 얻고 싶다면 지금 콘텐츠를 만들어서 올려보자. 생각지도 못한 사람과 생각지도 못한 방식으로 일하고 있는 나를 발견할 테니말이다.

:4
누구에게나
각자의 때가 있다

SNS에서 퍼스널 브랜딩을 한다는 건 SNS를 많이 봐야 한다는 뜻이기도 하다.

SNS는 잘 활용하면 복이지만, 잘못 쓰면 독이다.

그만큼 이 작은 세상이 우리 마음을 이리저리 흔든다. 인스타그램이 상대적 박탈감, 질투, 불행을 끌어내는 것은 사실이다.

나도 매일, 많은 시간을 인스타그램에서 보낸다. 그러다 보니 인스타그램 속 수많은 잘난 사람들을 보며 위축된 나를 볼 때가 많다. 이런 상대적 박탈감에서 벗어나기 위해 마인드 셋을 잘 잡는 것이 중요하다. 무엇보다도 다들 나와 같은 고민을 하는 평범한 사람이라는 걸 늘 되뇌어야 한다.

'다른 사람의 하이라이트와 우리의 비하인드를 비교하지 마세요.'

생각해 보면 우리도 인스타그램에는 우리의 행복했던 순간을 여러 각도로 성심성의것 촬영하여, 보정하고 핵심은 담되 구구절절해 보이지 않을 멘트를 선정하여 올린다. 우리가 인스타그램에 올린 사진은 틀림없는 인생의 하이라이트이다. 하지만 우리가 하는 고민과 불안의 이유는 하이라이트 뒤에 꽁꽁 숨겨져있다.

'알아요. 머리로는 아는데, 근데 그래도 인스타그램을 보면 불안해져요.'

대부분은 우리가 몰라서 못 하는 게 아니라, 알면서도 안 되는 것들이다. 친한 친구가 잘나가는 모습을 봐도 내가 낮아지고 초라해 보일 때가 많은 것은 부정할 수 없는 사실이다.

내 인생에서 가장 초라했던 시절을 꼽자면 주저 없이 사회초년생 시절이라 생각한다. 그때의 나는 사수가 없는 회사에서 누구도 어떻게 일하라는 말을 해주지 않는, 낙동강 오리알 같은 존재였다. 하지만 진짜 낙동강 오리알이 되고 싶진 않아서 나름대로 부단히 일을 찾았다. 열심히 배우고 적용하려 노력했다. 하지만 그렇게 큰 인정을 받지는 못했다. 게다가 이름 없는 회사에, 누군가가 무슨 일 하냐고 물어보면 구구절절 설명해야 하는 상황과 적은 월급은 늘 나를 초라하게 만들었다. 주변 친구들은 좋은 기업에 들어가고 노력해서 시험에 합격하고 새로운 인생을 사는 것 같았다. 나의 꿈은 너무나도 소박했는데, 그 소박한 꿈마저도 내게는 안개 같았다. 그럴 때마다 나는 SNS를 내려놓고 글을 썼다. 일기를 쓰며 나의 상처를 바라보고, 스스로를 돌봐주고 또 기도했다.

그때의 나는 스스로를 '낮은 곳에서 피는 꽃'이라 말했다. 아무도 주목해 주지 않고, 지금으로선 언제 내가 언제 자랑스러운 사람이 될 수 있을지조차 모르겠지만 그 당시에도 나는 나의 가치를 알았다. 비록 화려한 꽃은 아니지만, 그럼에도 불구하고 나를 발견한 소수의 사람은 들꽃과 같은 매력에 반하리라 생각했다. 주목받지 못하는, 낮은 바위 속 숨겨진 들꽃의 모양새가 딱 나 같았다. 그렇게 나만의 속도로 조금씩 나만의 길을 만들었다.

지금은 그때의 내가 자랑스럽다. 그 와중에서도 마냥 슬퍼하기보다는, 나의 매력을 나라도 알아주었으니까. 꽃은 다 저마다의 매력이 있다. 누군가는 크고 화려해 어디를 가도 눈에 들어오는 꽃일 수도 있지만, 시간이 지나도 질리지 않고 더 매력이 깊어지는 들꽃일 수도 있다.

사람에게는 다 자신만의 예쁨이 있고, 속도가 있고, 타이밍이 있다. 단지 지금은 그 타이밍이 안 왔을 뿐이다. 물을 담으려면 먼저 그릇이 있어야 한다. 많은 물을 담으려면 그 그릇이 깊고 넓어야 한다. 지금은 더 많은 물을 담기 위한 그릇을 넓히는 중이다. 그 그릇을 얼마나 넓힐 수 있는가는, 지금 내가 무엇을 하느냐에 달려 있다. 그러니 나의 매력을, 나의 예쁨을 나라도 알아주고 잘 가꿔두자. 언제 누군가가 어떻게 나의 매력을 발견해 줄지 모르니까.

:5
주변 환경이
당신의 마인드를 바꾼다

"사람은 절대 안 바뀐다."

이 표현을 들어보지 않은 사람이 있을까? 하지만 나는 사람은 바뀔 수 있다고 굳게 믿는다. 바뀌기 쉽지 않을 뿐이지. 삶이 바뀐 사람은 모두 강력한 꿈을 가지고 바뀌어야겠다 다짐을 했던 사람들이다. 그렇기에 사람이 바뀌려면 마음 깊은 곳에서부터 '이렇게 되고 싶다. 나는 이렇게 될 거다.' 하는 터닝포인트가 있어야만 한다. 그러므로 사람이 바뀌려면 먼저 환경이 바뀌어야 한다. 왜냐하면 나 스스로 그 터닝포인트를 만들고 지속하기 어렵기 때문이다.

'끼리끼리 논다.', '유유자적'이라는 말이 있다. 나와 비슷한 '무리' 안에 있으면 나는 안전하다. 나의 행동은 튀는 행동이 아니고, 내 생각은 모두의 생각이니까. 그래서 우리는 무리 안에서 가치관을 만들어 간다. 하지만 나와 다른 무리를 만나면? 급격히 불안해진다. 그 무리 안에 있으면 내 생각은 옳은 생각이 아니었나, 하는 의심을 하게 되고 심하면 내 삶을 부정당하는 느낌이 들기도 한다. 그렇다면 이 불안은 나쁜 것일까? 아니다. 이 불안을 통해 나의 견고했던 세계에 금이 가고 더 보태어 내 세계가 무너질 수도 있다. 그리고 그 무너짐과 동시에 새로운 세계라는 싹을 틔울 수 있다. 내 삶이 휘청대고 어려울 수도 있지만, 처음엔 어려웠던 환경에 계속 노출되다 보면 자연스럽게 나도 그 환경과 비슷한 결로 생각을 하게 된다.

사투리를 쓰는 사람들도 서울에서 계속 살다 보면 무의식적으로 사투리가 줄어드는 것처럼 무리 안에 있으면 의식하지 않더라도 그들에게 자연스럽게 스며들게 된다. 그래서 세상에 나가 내가 되고 싶은 멋진 사람들을 만나길 권한다. 물론 쉽지 않다는 건 안다. 우선 찾기도 어렵고, 그 무리 안에 들어가기도 어렵기 때문이다. 들어가서도 처음에는 나와 다른 사람들과 함께해야 한다는 게 불편할 수도 있다. 하지만 그럴 가치가 있는 환경에 속한다면, 나도 그들처럼 돼야겠다는 마음을 먹고 조금씩 적응해 나가면 된다.

우리가 편안함만을 추구하며 같은 환경에만 머무른다면, 결국 성장의 최대치 또한 그 안에서만큼만 가능하다. 과연 지금 나의 환경은 내 성장에 영향을 줄 수 있을까? 과거만 회상하며 그때를 그리워하는 얘기만 한다면? 밀린 상사 욕을 하며 내 기분만 풀고 있다면? 연애 얘기만, 혹은 어디 가서 뭐 먹을지만 초점을 맞추고 있다면? 높은 확률로 여기 있는 것은 나의 성장에는 도움이 되지 않을 것이다. 물론 그 환경을 부정하라는 것도, 소중히 여기지 말라는 것은 아니다. 하지만 그들 안에만 있으면 성장은 어렵다. 내가 정말 성장하고 싶다면 다른 환경들은 어떤지도 슬쩍 발을 담가보자. 우리가 단 하나의 환경에만 있어야 하는 건 아니니까.

또 다른 환경을 찾기가 너무 어렵게 느껴질 수도 있다. 나 또한 2022년을 시작하면서 새해 목표로 세웠던 것이 '새로운 사람 많이 만나기'였다. 부끄럽지만 커리어를 시작하고 5년간 만났을 때 편안한 사람들, 자연스럽게 만나지는 사람들만 만났다. 그게 좋았다. 마음도 늘 평안했고 안정감이 좋았다. 새로운 사람을 만나야겠다고 다짐한 이유는 다름 아닌 공허함 때문이었다.

내가 가장 눈을 반짝이고, 좋아하는 이야기 소재는 '나의 콘텐츠'에 대한 이야기다. 하지만 그 당시 내 주변에는 나처럼 자신의 콘텐츠를 만드는 사람들도 없었고, 좋아하는 사람도 없었다. 당연히 관심사가 다르다 보니까 내가 좋아하는 이야기를 나눌 수가 없었다. 내 삶이 되게 특이한 삶처럼 느껴졌다. 내가 인생을 즐기지 못하고, 재밌게 살지 못하는 사람처럼 느껴졌다. 나는 이게 재밌는데, 주변에서는 괜히 피곤하게 사는 사람처럼 생각했다. 공허했다. 세상에 나 같은 사람은 나밖에 없는 것처럼 느껴졌다. 나는 내 경험을 공감해 주는 사람을 만나고 싶었다. 그래서 올해는 무조건 새로운 사람을 많이 만나기로 다짐했다. 그때의 그 안정감을 부수고 나와야겠다고 생각했다.

그리고 그 결과는? 이렇게 새로운 인연을 많이 만날 수 있었다는 게 놀랍고 신기할 정도다. 쑥스러워 먼저 손 내밀지 못하는 나인데도, 이렇게 많은 인연이 이어질 수 있다는 게 감사하다.

블로그를 처음 시작했을 때부터 느꼈지만, 역시 모든 사람은 자신만의 '위시리스트' '버킷리스트'를 써야 한다. 매월, 매주 쓰고 회고하면 더없이 좋지만, 매년이라도 꼭 써야 한다. 나는 그렇게까지 부지런하진 못해서 매년 초에 위시리스트를 쓰고 연말에 회고하는 시간을 갖는데, 쓰다 보면 놀랍다. 내가 그 위시리스트를 의식하고 살지 않아도 삶이 그 방향대로 살아가고 있다는 것이다. 그리고 그중 많은 부분을 이뤘다는 것이 신기하다. 연말에는 "이때 내 목표가 이렇게 작았어?"라는 생각까지 한다. 올해 초만 해도 내가 어떻게 새로운 사람을 많이 만날 수 있을지 답이 나오지 않았다. 어떻게 해야 할지 막막하기만 했다. 하지만 다양한 방향으로 길이 열렸다. 지금은 어떻게 해야 할지 막막하더라도 어떻게든 길은 열린다는 걸 믿고 있다.

나는 환경을 더 바꾸고 싶어서 퇴사하게 됐다. 더 많은 사람을 만나고 싶어서 퇴사후 더 많은 커뮤니티에 가입했다. 제안을 주신 곳도, 내가 손을 들고 들어간 곳들도 있다. 덕분에 멋있는 대표님들과 크리에이터분들과 더 끈끈한 하나의 모임으로 연결이 되었다.

1년 전만 해도 나 같은 사람이 없다는 게 슬펐지만 이제 더는 슬프지 않다. 나 같은 사람들을 찾았다. 나를 응원해 주는 사람들을 찾았다. 그리고 이제는 나 같은 사람이 많지 않기에 내가 더 성장할 수 있겠다는 자신감이 생긴다. 오버하는 게 아니라, 너무 일만 좋아하는 사람이 아니라, 진짜 좋아하는 일을 찾은 사람이고 진짜 매 순간 최선을 다한 사람이라는 것만으로도 충분히 스스로를 응원할 수 있게 되었다. 내가 남들과 너무 다르다는 게 속상하다면, 내가 남들과 다르다는 게 내가 성공할 수 있다는 자신감으로 바뀌는 날이 반드시 온다. 그러니 환경을 바꾸어 보자. 당신의 이야기를 믿고 신뢰해 줄 사람은 어디에나 있다.

:6
열등감을 연료로
사용할 수 있는 마인드 셋

실행은 누군가에게는 쉽고, 누군가에게는 어려운 일이다. 이 실행을 잘하기 위해서는 각자가 가진 '실행 버튼'이 뭔지를 먼저 파악해야 한다. 모든 사람은 저마다의 실행 버튼을 가지고 있다.

나의 실행 버튼은 '열등감'과 '질투'이다.

우리는 나보다 잘난 상대를 볼 때

① 아무렇지 않거나,

② 배워야겠다고 다짐하거나,

③ 질투를 하거나,

④ 주눅이 들고 자신감이 없어진다.

아무렇지 않거나, 배워야겠다고 다짐하며 긍정적인 영향을 받을 때도 당연히 있지만, 사실은 부정적인 마음이 들 때가 더 많다. 나 또한 그런 사람이다. '질투는 나의 힘'이라는 말처럼, 나의 모든 것은 질투로 시작되었다.

"질투가 훨씬 좋다, 주눅보다"   - 드라마 <파스타>

드라마 파스타에 나온 대사 중 가장 좋아하는 대사다. 질투, 주눅... 모두 안 좋은 단어로만 느껴지지만, 사실 우리 인간은 이런 악의 에너지가 원동력이 될 때가 많다고 한다.

"악의 감정은 인간의 본성이기 때문에 부정한다 해도 소용없다. 성공하고 싶다면 인정하자. 그리고 그 에너지를 망설이지 말고 활용하자."   - 책 <비상식적 성공법칙>

악의 감정은 부정해봤자 소용이 없다. 좋은 방향으로 바꿔 나의 성장의 땔감으로 쓰면 된다. 질투가 생길 때, 처음에는 그 감정이 질투로 인지되지 못하는 경우가 많다. 처음에는 꽁한 마음과 저 사람은 이해가 안 된다는 두루뭉술한 마음으로 발현된다. 그럴 때마다 마음은 한없이 작아지고 불편한 감정이 생긴다.

그럴 때 나는 일기를 쓴다. 일기에는 그 어떤 것도 정제하지 않는다. 내가 왜 이럴까? 하는 것들을 끝없이 물으며 작성한다. 일기를 쓰다 보면 단순한 '꽁한 마음'으로 겹

겹이 쌓여 잘 보이지 않던 내 마음을 투명하게 알게 된다. 이렇게 내 마음을 정확히 알게 되면, 그리고 그 마음이 질투였다는 걸 알게 되면, 그걸 인정하고 배워야겠다는 마음도 생기고 내가 더 잘할 수 있는데 하는 마음도 생기게 된다. 그렇게 생긴 자신 감은 다른 걸 다 제쳐두고 일단은 이거부터 해야겠다는 실행력을 만들어 준다.

:7
부지런한 루틴이
풍요로운 삶을 만든다

새로운 일을 시작하는 데는 많은 에너지가 필요하다. 다양한 일을 하다 보면 당연히 에너지가 빨리 소진된다. 그래서 우리는 에너지를 채워주는 시간을 가져야만 한다. 에너지를 충전하는 시간이 바로 나만의 루틴을 즐기는 시간이다.

2021년 연말, 나의 일기에는 이런 문장이 있다.

"우리의 삶이, 우리의 일상이 얼마나 쉽게 넘어지는지 너무 잘 알기에 새로운 해라는 이유로 새롭게 시작할 수 있다는 것이 감사하다."

– 새로운 날, 새로운 해, 새로운 다짐에 감사한 2021 연말

우리 일상은 자주, 그것도 너무 쉽게 무너지니까 매번 새로운 다짐을 해야만 한다. 특히 프리랜서로 일하고 있는 요즘은 이 루틴의 중요성을 더없이 크게 느끼고 있다. 회사를 다닐 땐 출근 시간이 정해져 있으니 어떻게든 비슷한 시간에 일어나고 비슷하게 일하고 비슷하게 퇴근하며 루틴 안의 삶을 살았다. 아침에 늦게 일어나거나, SNS로 하루를 시작할 때 하루가 온전치 못한 느낌이 들었지만 그렇다고 해서 삶이 무너지지는 않았다.

프리랜서로 시간의 자유를 얻고 난 이후, 나는 나만의 규칙을 가지고 정성스럽게 살고 싶었다. 그래서 퇴사한 다음 달인 8월은 6시 30분~7시 사이에는 무조건 일어나서 기도한 뒤 책을 읽고, 영양제를 먹고, 다이어리를 쓰고 운동을 하고 씻고 밥을 먹은 다음에 책상에 앉았다. 이 모든 루틴을 하는 데까지 약 2시간 30분 정도의 시간이 소요됐다. 물론 이 루틴도 자주 바뀌고 무너졌지만, 그래도 늦지 않게 다시 되찾으며 지금까지 이어오고 있다.

세계 최정상에 오른 성공한 사람들. '타이탄'들의 성공 비결을 다룬 책<타이탄의 도구들>에서도 타이탄들은 모두 각자의 아침 루틴을 지키고 있다고 한다. 멋진 하루를 만들기 위한 아침 루틴 5가지를 당신에게 소개한다.

<멋진 하루를 만드는 아침 루틴 5가지>
1. 잠자리 정리
2. 명상, 기도
3. 한 동작 5~10회 반복
4. 차 마시기
5. 아침 일기 쓰기

나도 이 루틴을 꾸준히 지키고 있는데, 루틴을 지킨 날과 지키지 않은 날의 차이는 정말 크다. 하루를 살아가는 마음의 기본값이 달라진다. 이런 루틴들이 우리 멘탈을 더 강하게 만들어 주고, 무너지지 않게 해준다.

아직, 나의 루틴을 잘 모르겠다면 우선 성공한 사람들의 루틴을 한 번 따라 해보길 추천한다.

NAME

PART.7

퇴사 이후
나는 제대로 된
독립을 했다

:1
대 퇴사 시대의
퇴사자

퇴사.

퇴사라는 키워드에 큰 임팩트가 없어지고 있다. 그만큼 많은 사람에게 퇴사는 자연스러운 현상이 되었고, 언젠간 하게 될 것으로 받아들여지고 있다. '대 퇴사 시대'라는 표현도 괜히 생긴 것은 아니다.

내가 안정적인 회사를 나와야겠다고 생각했던 가장 큰 이유는 '환경'이었다. 내가 더 성장할 수 있는 환경에 있고 싶었다. 배우고 싶은 일을 하고, 꼭 일이 아니더라도 마인드적으로 배울 점이 있는 사람과 함께하고 싶었다.

두 번째 이유는 회사 이름 없이 돈을 벌 수 있는지 실험해 보고 싶었다. 나는 작은 회사에서만 일해왔다. 마케터가 많지 않은 회사에서 일을 하다 보니 내가 컨트롤할 수 있는 일, 해볼 수 있는 일들이 많았다. 일의 A to Z를 맡아서 해보는 환경에서 일했다. 또한, 예산이 많지 않아 효과적인 채널을 찾는 게 습관이 되다 보니 소상공인과 이제 사업을 키우고자 하는 브랜드에는 내가 도움을 줄 수 있는 것이 많았다. 이렇게 혼자 일을 해볼 수 있지 않을까? 생각은 자연스럽게 이어졌다.

세 번째 이유는 나의 방향성에 더 집중하는 시간을 갖고 싶었다. 하고 싶은 것들이 정말 많았다. 유튜브도 더 집중해 보고 싶고, 내 개인적인 이야기도 해보고 싶고, 인터뷰 콘텐츠, 나의 색이 담긴 공간도 만들어 보고 싶었다.

네 번째 이유는 자유를 얻고 싶었다. 시간과 공간을 내가 원하는 방식으로 결정해서 일하고 싶었다. 가고 싶은 모임에 자유롭게 가고, 배우고 싶은 것을 배우러 다니는 시간을 확보하고 싶었다.

이런 이유로 나는 퇴사를 했다.

퇴사가 흔해진 시대이고, 요즘 취업 준비생분 중 '프리랜서가 되고 싶어 직장에 들어가요.'라고 말하는 사람도 종종 만나게 되는 걸 보면 확실히 일의 형태가 다양해졌다는 것을 느낀다. 하지만 내가 홀로 서서 일할 수 있었던 이유는 회사에 다녔기 때문이었다. 회사에서 이 모든 것을 배웠고, 회사에서 성장할 수 있었다. 회사에서 있었던 시간 중 행복했던 시간이 더 많았다. 애초에 회사가 아니었다면 지금의 나는 없었을 것이다.

단지 내게 중요한 것이 달라졌을 뿐이다. 지금 프리랜서로 지낸다고 해서 계속 프리랜서로 살아야 한다는 마음은 없다. 원하는 곳이 있고, 배울 수 있는 곳이 있다면 적극적으로 도전할 것이다. 사업을 하고 싶다면 사업을 할 것이다. 내가 만든 나만의 틀을 없애는 삶을 지향한다. 꼭 이래야만 한다는 마음을 버리고, 그때그때 내게 필요한 것과 필요한 것을 채워줄 수 있는 곳을 향해 갈 거다.

:2
독립을 할 수 있었던
방법

그렇게 나는 퇴사를 해서 지금은 프리랜서 마케터로 일을 하고 있다. 내가 프리랜서로 과감히 일을 시작할 수 있었던 가장 큰 이유는 당연히 퍼스널 브랜딩 덕분이다. 그리고 그것 외에도 여러 회사 밖 수익화를 도전했던 경험들도 큰 도움이 되었다. 그래서 회사를 다니며 언젠간 독립을 꿈꾸는 사람들에게 나는 이 두 가지를 먼저 해볼 것을 추천한다.

첫 번째는 회사에서 경험할 수 있는 것을 마음껏 경험하고, 최대한 많이 배워서 경험치를 높이는 것.

두 번째는 회사 밖에서 돈 벌기를 조금이라도 도전해 볼 것.

회사 밖에서 돈을 버는 것도 처음 시작하려 하면 막막하다. 시작하기 전에는 다 대단해 보이고, 이미 레드오션인 것 같고... 등 다양한 이유로 두려움이 많아진다.

"내가 그렇게 전문가는 아닌데..." "나보다 잘하는 사람이 훨씬 많을 텐데..." "내가 하는 게 도움이 안 되면 어떡하지..." 등 생각하다 보면 하면 안 되는 이유가 훨씬 더 많아진다.

나는 회사 이름 없이 자기 힘으로 번 돈 10,000원이 더 값지다는 말을 믿고 다양하게 무언가를 해왔다. 이 10,000원이 나의 작은 스노우볼이라 여기며 "대체 내 스노우볼은 언제 커지나..." 생각했다. 그렇게 생각하며 계속 굴리다 보니 어느덧 상상할 수 없을 정도로 커졌다. 용기가 나지 않거나 나의 서비스/제품에 자신이 없다면 저렴하게, 아니면 무료로 제공하며 경험을 쌓아보면 된다. 단순하게 도전했던 일들이 신기하게도 다양한 기회로 연결될 때가 있다. 그리고 이런 도전들이 있었기에 퍼스널 브랜딩 후에도 돈을 벌 수 있게 되었다.

모든 일은 하나같이 접점이 있고, 작게라도 한 일이 다른 일로 이어진다. 내가 회사에 다니며 시작했던 수익화 경험을 공유한다.

1. 블로그 강의

내가 블로그 강의를 시작했던 이유는 단순했다. 그때 잘하는 게 블로그였으니까. 시중의 다른 강의를 보며 내가 더 잘할 것 같다는 마음이 들었고 '탈잉'이라는 사이트에 상세페이지를 만들어 강의를 오픈했다. 그리고 열자마자 강의 신청이 들어왔다. 첫 강의 때는 강의 연습으로 밤을 새웠고, 주변 강의를 하는 강사분이나 선생님들께도 여러 조언을 구했다. 다행히 첫 강의부터 좋은 리뷰를 받았고, 이후에도 강의 평점은 쭉 만점이었다. 그리고 탈잉에 오픈된 블로그 원데이클래스가 다른 플랫폼의 블로그 강의 제안으로도 연결되었다. 이런 강의 경험을 블로그에 쓰자 공기관에서도 블로그 강의 요청을 주셨다. 한 번은 카페에서 주최하는 독서 모임을 가서 블로그 강의를 하고 있다는 얘기를 했었는데, 그 얘기를 들은 사장님이 카페에서도 블로그 강의를 열어달라 하셔서 그렇게 강의를 시작한 적도 있었다.

2. SNS 마케팅 강의

그 사이 인스타그램이 커져 팔로워가 10,000명이 넘는 계정이 되었다. 당시 내가 참여하던 독서 모임에서 만난 클럽장님이 내 인스타그램을 알고 있었기에, 인스타그램, 블로그 강의를 엮어서 관공서에서 할 수 있는 기회를 연결해 주셨다. 사실 처음 제안을 받았을 때 정말 감사했지만, 자신이 없었다. 솔직히 자신 없다는 내 말에 "젊은데 그냥 하지 그래요?"라고 쿨하게 한 마디 내뱉으셨는데(아마 기억 못 하시겠지만...) 그 말에 또 자극받아서 그냥 해야겠다고 마음먹고 시작할 수 있었다.

후에 예비 마케터분들을 대상으로 하는 플랫폼에서도 내게 4주짜리 강의를 해보지 않겠냐는 제안을 주셨었다. 이분들이 나에게 제안을 주셨던 이유는 마케터 인스타그래머로 이미 고객층을 확보하고 있고, 그러면서도 강의 이력이 있는 사람이었기 때문이었다.

이런 SNS 마케팅 강의 이력을 기록하고, 나의 인스타그램이 포트폴리오가 되다 보니 VOD 강의 제작 제안도 받았고, 작년 말에는 머니 N 클래스에 인스타그램 마케팅 VOD 강의를 런칭할 수 있었다. 지금은 강의 커리큘럼을 참고하여 원데이클래스, 웨비나 등을 요청해 주신다.

3. 직업인 강연

친한 동생이 선생님으로 있는 학교에서, 학생들에게 '비전 특강'이라는 이름의 직업인 강연을 기획하게 됐었다. 아무래도 요즘 인기 직종이 마케터고, 동생도 내가 마케팅 강의를 한다는 걸 알고 있었기에 이런 강연 제안을 받을 수 있었다.

4. 블로그 운영 대행

지금도 나는 블로그 운영 대행을 하고 있는데 이 일을 시작할 수 있었던 계기도 역시나 '블로그 강의'였다. 강의 수강생분 중 블로그를 운영하고 싶지만 어렵고, 시간도 안 나는 사장님들이 계셨다. 그런 사장님들이 맡겨주셔서 얼떨결에 이 일도 할 수 있었다. 어쩌다 보니 꽤 오래 지속이 되고 있다. 그뿐만 아니라 한 번은 내가 블로그 체험단으로 한 업체에 방문했다가, 대화 중 내가 마케터라는 이야기를 하게 되었다. 사장님은 마케팅 업체에서 사기를 당한 적이 있어 마케팅 업체에 대한 신뢰가 없으셨는데, 대화 중 자연스럽게 블로그 운영을 맡기도 했다. 그리고 그렇게 시작한 일이 지금까지 연을 이어오게 됐다.

5. 마케팅 대행

인스타그램과 유튜브, 블로그에 '부산 사는 마케터'로 퍼스널 브랜딩이 되어 있다 보니 브랜딩, 컨설팅, 마케팅 전략 기획, 콘텐츠 제작 등 다양한 일을 제안받을 수 있었다. 이 일을 받으며 자연스럽게 프리랜서로 독립도 할 수 있었다.

그 외에도 콘텐츠 광고 수익(인스타그램, 블로그, 유튜브로 광고를 받고 있다.)을 비롯한 자문, 코칭, 심사 등 생각지도 못했던 다양한 분야의 일이 연결되어 회사 없이도 지금까지 생존해 나가고 있다. 여기서 얻은 교훈은, 내가 한 경험을 적극적으로 알려야 한다는 것이다. 가까운 지인에게는 물론, 블로그나 인스타그램 등에도 꼭 기록해 두자. 하나의 작은 씨앗이 다른 기회들로 연결된다.

이 챕터에서 하고 싶은 단 한 마디를 꼽자면,
스티브 잡스의 'Connecting the dots'가 아닐까 싶다.
인생에 쓸모없는 우연은 없다

인스타그램이 성장했을 때, 이전에 했던 블로그 강의 이력이 없었다면 강의 문의가 지금보단 덜 들어왔을 거다. 내가 작은 회사에서 브랜드 런칭부터 마케팅까지 A to Z를 도맡아서 했던 이력이 없었다면, 아마 대행을 해야겠다는 마음을 먹기도 쉽지 않았을 거다. 지금도 내가 하는 일들은 다양하지만, 아직도 나는 해보고 싶은 일들이 많다. '마케터'를 기반으로 하는 일이라 해도 정말 많다.

가끔, 아니 매일 나는 상상한다. 어떤 일을 이루고, 해냈다고 축하한다고 가까운 사람들과 파티를 하는 상상. 그런 상상들이 나의 도전을 이끌어 주었다. 요즘 시대의 가치는 내가 무슨 일을 하는지 얼마나 많은 사람이 알고 있냐에 따라 결정된다. 그러니 내 일을 알리는 일을 두려워하지 말고, 게을리하지 말자. 이것이 퍼스널 브랜딩의 시초다.

:3
"혹시
무슨 일하는 사람이세요?"

"저는 프리랜서 마케터, 콘텐츠 크리에이터입니다."

이 두 단어로 나의 일을 설명하곤 한다. 하지만 무언가 아쉬웠다. 이런 일 말고 다른 일도 하는데! 그래서 나의 명함에는 '마케팅을 뿌리로 다양한 일 합니다.' '일의 경계가 없는 사람'이라는 두 마디를 추가해 두었다. 이처럼 내가 정기적으로, 간헐적으로 하는 일들은 다양하다.

나의 일은 크게는 4가지로 나뉜다. 마케터, 콘텐츠 크리에이터, 강사, 모티베이터, 그리고 이제 이 책이 나온다면 작가로도 불릴 수 있지 않을까?

첫 번째 직업, 마케터.

각 브랜드에 필요한 마케팅을 파악하여 기획하고, 순차적으로 해나가는 방식으로 일을 해오고 있다. 그렇다 보니 브랜드 스토리 기획, 홈페이지 기획, SNS 채널 운영 기획, 콘텐츠 기획, SNS, 블로그 운영 등 주로 콘텐츠 마케팅을 하지만 브랜드별로 하는 일이 다 달라 끊임없이 창작과 씨름하고 있다.

두 번째 직업, 크리에이터.

'마케터 은진'이라는 이름으로 블로그와 인스타그램에 콘텐츠를 '성공할른진'이라는 이름으로 유튜브에 콘텐츠를 만들고 있다. 나만의 수식어를 만들고 싶어 만든 '국내 1호 워크에세이스트'라는 타이틀도 스스로 만들었다.

세 번째 직업, 강사. SNS, 콘텐츠 강의를 주로 한다.

오프라인 강의는 원데이클래스 위주로 하지만 최근에는 VOD 강의도 오픈하고 인스타 챌린지도 시도해 보고 마케팅 과외도 함께 진행하고 있다. 과외가 생각보다 재밌어서 이 일을 좀 더 키워보려 하는 중이다.

네 번째 직업, 모티베이터.

필사 모임을 시작으로 해보고 싶은 다양한 모임들을 기획 중이다. 이런 모임이 주는 가치는 '동기부여'이기에 모티베이터라는 직업을 넣어보았다.

다섯 번째 예비 직업, 작가.

이 책을 출간하고 나면 나는 작가라는 타이틀을 얻게 된다.

이렇듯 지금은 퍼스널 브랜딩을 통해 다양한 일을 하고 있다. 일의 방식과 형태는 달라지겠지만, 나의 모든 일의 핵심은 '마케터'라는 것은 변치 않는다.

지금도, 앞으로도 내가 하게 될, 생각지도 못한 일들을 생각하면 설레고 가슴이 두근거린다.

:4
진정한 독립이란
이런 것이다

퇴사를 하고 모든 것이 좋았다. 완벽했다. 월 천만 원 수익도 찍고, 승승장구 중이다! 라고 말할 수 있다면 좋았겠지만, 애석하게도 그렇지 않다. 늘 불안한 마음이 있고, 회사를 나와서 월급의 의미에 대해서도 더 절실히 깨닫게 되었다.

1. 월급은 소중하다

내 퇴사 이유 중 하나는 돈을 많이 벌고 싶어서였다. 지금 월급보다 많이 벌고 싶었다. 하지만 나오자마자 깨달았다. 월급은 통장에 찍힌 숫자가 다가 아니라는 것이다. 월급이라는 숫자에 드러나지 않는 것들이 참 많았다.

첫 번째는 안정감이다. 월급은 매월 들어온다는 것이 보장되어 있다. 월급이 주는 안정감은 정말 얻기 어려운 가치라는 걸 회사를 나오고 나서 깨달았다. 일을 하면서도 다음 일을 고민해야 하는 게 프리랜서의 삶이기 때문이다.

두 번째는 복지다. 결혼식이나 장례식, 생일 등 회사에서 챙겨주는 복지가 은근히 컸다. 다닐 때는 몰랐는데 나오고 나서 깨달았다.

세 번째는 국민연금/건강보험/세금이다. 물론 월급에서 많은 부분을 떼어가지만 그래도 회사에서 일정 부분 내주는 것과 혼자 내는 것의 느낌도 금액도 다르다.

이 외에도 더 꼽으라면 많이 꼽을 수 있겠지만 이쯤 하겠다.

2. 혼자 일하는 건 어렵다

솔직히 회사에서 나 혼자 해 온 것들이 많으니, 나와서도 당연히 할 수 있을 거라 오만하게 생각했었다. 돌아보면 혼자 한 건 아무것도 없다. 회사 이름을 걸고 하는 일에서 느낄 수 있는 안정감과 의견을 나눌 수 있는 동료들이 있다는 것만으로도 든든하고 더 나은 결과를 얻을 수 있다.

마케팅은 특히 자신감이 중요한데, 혼자서도 좋은 결과에 대한 확신을 가지기 위해서는 훨씬 더 많은 경험이 필요하다는 것을 나오고 나서 뼈저리게 깨닫게 되었다.

3. 소극적 수익이 필요하다.

돈을 많이 벌기 위해서는 시간당 벌 수 있는 수익도 중요하지만, 시간을 투자하지 않고도 벌 수 있는 돈이 있는가도 중요하다. 책<부의 추월차선>에는 이를 '소극적 수익'이라는 단어로 설명하고 있다. 퇴사하고 일을 하면서, 나는 여유롭게 일할 수 있을 줄 알았지만, 사실은 그보다 훨씬 더 많은 시간을 일에 투자하고 있다. 일의 경험치에 대비하여 나의 효율이 늘 수 있는 건 사실이지만 그 효율에는 한계가 있다. 시간은 한정되어 있고, 내가 일할 수 있는 시간도 한정되어 있으므로 그 한계치 이상으로는 수익을 내기가 어렵다. 그렇기에 시스템화가 중요하고, 소극적 수익을 얻을 수 있느냐 없느냐가 중요하다.

4. 마인드 셋은 생각보다 훨씬 더 중요하다

앞에서도 말했지만, 마케팅은 자신감이 중요하다. 이건 대박 날 거 같다는 것도 막상 올리고 나면 반응이 없는 경우도 많다. 또한, 대충 만들어서 올렸는데 대박이 나는 경우도 있다. 결과는 아무도 알 수가 없다. 그렇지만 이를 실행에 옮기기 위해서는 될 것 같다는 확신은 반드시 필요하다. 그렇기에 나의 마인드 셋을 잘 관리하는 것은 필수적인 요소다. 마인드 셋은 모래에 글을 쓰는 것과 비슷하다. 아무리 깊게 써도, 파도가 치면 쉬이 사라진다. 파도가 칠 때마다 다시 새겨야 하는 게 마인드 셋이라 생각한다.

이런 것들을 미리 알고 긴장하며 독립했다면 더 좋았겠지만, 호기롭게 나오고 나서야 깨달았다. 역시 행동파들은 겪어야만 비로소 자신의 것으로 느끼고 얘기할 수 있다. 아쉬운 점은 아쉬운 대로, 중요한 건 지금부터 어떻게 할지를 고민하고 시도하는 것이다.

사실 어려운 점보다 좋은 점이 훨씬 많다. 그럼에도 불구하고 어려운 점을 강조해서 쓴 이유는 퇴사에 대한 긍정적인 이미지가 큰 것 같아서다. 아무 대책 없이 나온 다면 금세 불안해져서 그다음에는 터무니없는 결정을 하게 될 수도 있으니 꼭 조심하기 바라는 마음으로!

NAME

: 에필로그
나의 세상을 넓히는 일,
나의 한계를 없애는 일

언제가는 책을 내고 싶다는 막연한 꿈이 있었다. 그런 내게 2021년 초, 같은 교회를 다니는 작가님이 밑도 끝도 없이 내게 물어보셨다.

"왜 책 안내요?"

처음 들어보는 질문이었다.

"음... 아직 책을 내기는 경험도 부족하고 너무 어려워서요."
"몇 살이에요?"

"28살이요"

"28살은 안 어린데? 책 내요."

띵- 하고 머리 한 대를 맞은 기분이었다.

'어라? 맞네... 나 안 어리네...? 나도 책을 낼 수 있구나?' 이런 생각을 처음으로 해봤다.

그 말에 책을 낼 수 있다는 확신을 가졌고 그 뒤로 책을 내야겠다는 마음을 이어왔다. 그러던 어느 날, 인스타그램으로 출간 제안을 받았다. 그렇게 출간 제안을 받고 1년이 조금 지난 지금, 책의 끝이 보인다.

이렇게 출간 제안을 받은 것도, 퇴사 후 프리랜서로 일을 시작할 수 있었던 것도, 그 외에 다양한 사람들을 만날 기회가 생긴 것도 모두 인스타그램으로 퍼스널 브랜딩을 했기에 가능했다. 그래서 나는 꼭 나의 이야기를 꾸준히 공개하라는 말을 하고 싶었다. 공개해야 나 같은 사람이 세상에 존재한다는 걸 사람들이 알고, 같이 할 사람이 모이기 때문이다.

마케터로 일하다 보면 인플루언서를 찾을 일이 많이 생긴다. 제품의 특징과 제품에서 알리고 싶은 부분이 어떻냐에 따라 찾는 인플루언서 스타일도 달라지는데, 예전에 회사에서 세미 비건 제품의 인플루언서를 찾았던 적이 있다. 물론 팔로워 수도 중요했지만, 그보다는 얼마나 비건이라는 특징을 잘 살려서 애살있게 계정을 운영하고 콘텐츠를 만드는지를 더 염두에 두어 인플루언서를 찾았던 경험이 있다. 비건 관련 해시태그를 써서 찾아보거나, 비건 인플루언서의 팔로워 목록에서 찾아보거나 등 어떻게든 비건이라는 게 노출되어 있어야만 그 사람을 찾을 수 있었다.

내가 팔로워가 많아지며, 마케팅 대행 문의를 많이 받을 수 있었던 이유도 비슷하다. "식당을 운영하고, 이제 프랜차이즈를 해보려 하는데 어떻게 마케팅을 해야 하는지 모르겠어요." 이런 니즈가 있는 사장님은 프랜차이즈 마케터를 찾을 거고, 프랜차이즈 마케터를 검색했을 거다. 그렇게 프랜차이즈 마케터로 글을 쓴 몇 안 되는 사람 중 한 명이었던 내가 눈에 띄었을 것이다.

나의 글은 전문적이지 않다. 오히려 쉬운 글을 지향한다. 그럼에도 불구하고, 문의가 오는 건 더 이해하기 쉽고 공감이 갔기 때문이라 생각한다.

다시 한번, 나는 여러분 모두가 자신의 이야기를 공개했으면 좋겠다는 말을 하고 싶다. 내가 누구인지, 나는 무엇을 할 수 있는 사람인지 기록하는 것만으로도 퍼스널 브랜딩을 시작하기에 충분하다. 내가 뭐라고, 아직 나는 그럴 능력이 없다는 생각이 아닌 그래서 지금의 나는 뭘 할 수 있지?로 생각의 방향을 바꿨으면 좋겠다.

책 <이상하고 자유로운 할머니가 되고 싶어> 속 한 문장을 공유하며 나의 이야기를 마무리하고 싶다.

'그래서 이게 다 쓸데없는 짓이었는가 하면 그렇지는 않다. 아무것도 되지 않는 동안에도 사는 게 꽤 재미있었다. 하고 싶은 것이 계속 생각났고, 오래된 삽질의 결과로 뜻밖의 기회들이 속속 찾아왔다. 다시 덮은 구덩이 곳곳에 어떤 씨앗들이 나도 모르게 심어졌다

는 사실을 아주 오랜 시간이 지난 뒤에 알게 되었다. 증명할 길은 없으나 분명 오래전 내가 판 구덩이에서 난 싹임을 나는 알아볼 수 있었다.'

우리는 지금 씨 뿌리는 삶을 살고 있다. 싹은 언제 날지도, 어떤 싹이 날지도 모른다. 하지만 분명한 것은 지금 뿌리는 씨들이 나중에 우리의 정원을 만든다는 것이다.

나는 그렇게 오늘도 씨를 뿌린다.

장은진
success_eunjin

내 이름으로 먹고 삽니다

초판 발행　|　2023년 06월 28일
3쇄 발행　|　2024년 01월 15일

글　　　　|　마케터 은진
표지　　　|　Deep&Wide

펴낸곳　　|　Deep&Wide
발행인　　|　신하영 이현중
편집　　　|　신하영 이현중
도서기획　|　신하영 이현중 윤석표
마케팅　　|　신하영 이현중 윤석표
주소　　　|　서울특별시 마포구 성미산로 1길 21 사울빌딩 302호
출판등록　|　제 2020-000209호
이메일　　|　deepwidethink@naver.com
ISBN　　 |　979-11-91369-42-7

저희는 책에 관한 아이디어나 조언 그리고 원고 투고를 언제나 기다리고 있습니다.
deepwidethink@naver.com으로 당신의 아이디어를 보내주시고 출간의 꿈을 이루어 보시길 바랍니다.
당신도 멋진 작가가 될 수 있습니다.